戦略的
暇
The Strategy of Idleness
人生を変える「新しい休み方」

森下彰大
Morishita Shodai

飛鳥新社

戦略的

暇

The Strategy of Idleness

人生を変える「新しい休み方」

森下彰大
Morishita Shodai

飛鳥新社

この本を最愛の我が子、理一朗と晴臣に捧げます。
彼ら、そして彼らの子たちが暮らす新しい世界が、
素晴らしい余暇に満ちていることを信じて。

PART 1 戦略的〝暇〟とは？

第1章 私たちはどこから来たのか

第2章

デジタル社会は私たちをどう変えたのか

第3章

デジタル社会と分断される「今」

PART 2

これからのデジタル社会をどう生きるか

第4章

現代特有の脳疲労を癒やす「新しい休み方」

STEP1：DD

第7章

ゲーム・チェンジャー「スパパ」

はじめに

これまで、知らぬ間に与えられ、知らぬ間に奪われてきた「暇」。
暇こそ、あなたが何にでもなれる可能性の種が育つ土壌だ。
人生に大きな発見と自由をもたらす「旅人の余暇」を謳歌《おうか》するために、
社会に温かさと冷静さをもたらす「賢者の余暇」を分かち合うために、
今こそ、受動的にではなく、能動的に暇を得に行こう。
先人たちの声を引き継ぎ、
僕はあなたに「戦略的〝暇〟」の実践を提案する。

私たちは「脳腐れ」の時代に生きている

オックスフォード大学出版局は、２０２４年の流行語が「Brain Rot《脳腐れ》」であると発表しました。[1]同局は「インターネット、特にＳＮＳ上で、低品質なコンテンツを過剰に消費することの悪影響を捉えた用語として、新たな注目を集めた」と選定理由を述べています。ちなみに、Ｚ世代（１９９６〜２０１０年生まれの世代）やα世代（２０１０年以降生まれの世代）など、生まれながらにしてデジタル社会に浸っている世代（ネオ・デジタルネイティブ）でこの言葉が注目され、それがメディアに広がったそうです。

すでに海外では、脳腐れの問題に取り組むための動きが見られます。

2024年1月にニューヨーク市はソーシャルメディアを「環境毒素」に指定したと発表しました。[2] 同市の保健精神衛生局は、SNSを「公衆衛生上の危険をもたらす」として、彼らが子どもたちのプライバシーを収益化し、メンタルヘルスを脅かしていると厳しく批判しました。ちなみに、環境毒素のリストには、排気ガスやタバコ、マイクロプラスチックなど人体に悪影響を与える物質が並んでいます。

さらに2024年12月、オーストラリアではSNSの利用を国家レベルで制限する世界初の法案が可決されました。16歳未満の子どものSNS利用が制限されることになり、今後の動向が注目されています。同国のアンソニー・アルバニージー首相は、SNSの過度な使用によって子どもたちの身体や精神が脅かされるリスクを危惧したと語っています。[3]

現代に蔓延する「デジタル疲れ」

日本でも、「スマホ依存」による弊害がメディアで取り上げられて久しいところです。実際に、ネットで「スマホ依存」という言葉が検索される頻度は2012年頃から急増しています。

しかしながら、この脳腐れやスマホ依存は何もSNSにのめり込む若い世代に限った問題ではありません。年間3ヵ月以上をデジタル機器の前で過ごす私たち（86ページ参照）。誰にでも、そういった「デジタル疲れ」の可能性があるのです。

事実、スマホで断続的に情報を処理し続けることで脳が過労状態に陥り、心身の健康を損ねてしまうと警告する専門家は数多くいます。しかし、脳の疲労は自覚しにくい分、この問題は厄介です。

デロイトの調査によれば、4割の人がスクリーンタイム（デジタル機器に触れている時間）を快適と感じるレベルに保つのが難しいと回答しています。その一方で、デジタル過多な状態が心身に悪影響を及ぼすと懸念する人は、3割ほどに留まりました。[4]

さて、日本では「疲れている人」が多く見受けられます。一般社団法人日本リカバリー協会が主導した調査「日本の疲労状況２０２４」では、回答者10万以上のうち約8割が「自分は疲れている」と自覚しています。特に、20〜40代の疲労レベルは深刻化しているようです。[5]

この調査で、元気な人は疲れている人よりも睡眠以外の休息時間が長いこともわかっています。では、私たちは睡眠以外の余暇をどう過ごしているのでしょうか。

他の調査では、およそ半数の人が「心身を休めるために余暇を使いたい」と回答しています。[6]

しかし、余暇時間の過ごし方を見ると、ＰＣやスマホ、テレビといったメディア消費が多数を占めています。

仕事から余暇の時間まで、常時デジタル機器に接することで私たちはデジタル疲れ――特に脳疲労――を自ら増幅させている。疲れが取れないどころか、脳腐れやスマホ依存の状態に陥ってしまうのも頷けます。ストレスにさらされ続けると、意思決定に関わる脳の前頭前野の働きが弱まり、不合理な行動に走りやすくなるからです。[7] 目の前の刺激に飲み込まれやすい状態、とも言い換えられるでしょう。

つまり、デジタル疲れはスマホ依存の原因でもあり、結果でもあります。あなたの意思が弱いから、ではありません。

何より、疲労を抱えている状態では、仕事で成果を出すどころか人生を有意義に過ごすこともできません。しかし、繰り返すようですが、この現代特有のデジタル疲れを、私たちは見過ごしてしまう……。

デジタル社会に生きている以上、仕方ないのでは？

いいえ、私たちが現代社会に身を置きながらも、デジタル疲れから逃れ、自分の持てる力を引き出す方法があります。その方法をお伝えするために、僕は本書を書くことにしました。

自分の悩みはみんなの悩みだった

はじめまして。本書を手に取っていただき、ありがとうございます。森下彰大《しょうだい》です。普段はウェブメディア「クーリエ・ジャポン」で、編集者として海外の新たな視点を日本に届ける仕事をしています。

また、コロナ禍以前より、一般社団法人日本デジタルデトックス協会（略称：ＤＤＪ、DIGITAL DETOX JAPAN）の理事としても活動しています。ＤＤＪが掲げるテーマは、デジタル技術に依存するのではなく「共存」していくこと。これまでに、皆でスマホを使わずに過ごす野外イベントや企業向け研修、資格講座など、デジタルデトックスについて学び、楽しく体験できるプログラム作りに取り組んできました。

デジタルデトックスという言葉は長いので、今後は「ＤＤ」としましょう。ＤＤとは、現代のデジタル疲れに対処するための「新しい休み方」のことです。

ＤＤと聞くと、デジタル技術のすべてを否定するような考え方と捉えられることもありますが、そうではありません。あくまで僕が提案しているのは、「休息」です。現代人にとって、スマホはもはや身体の一部みたいなものなので、身体の他の部位と同じようにスマホもお休みの時間を作ろうということです。休肝日やスポーツ選手の休息のようなもの、と考えていただければと思います。

ＤＤの活動を始めたきっかけは、僕自身のデジタル疲れやスマホ依存でした。スマホ依存を自覚したのは、大学生のとき。特に用もないのに、暇があるとFacebookを開いている自分がいました。そこで、試しにスマホからＳＮＳアプリを一掃したところ、いたずらにスマホを触る時間が減っただけでなく、頭がすっきりする感覚が得られたのです。

しかし大学を卒業して働き出すと、今度は仕事で否応なくデジタル漬けの状態に。昼夜を問わず連絡を取らなければならないプレッシャーもあり、体調は徐々に悪化していきました。あるとき、夜中にスマホが振動したので何事かと手に取ったのですが、スマホには何の通知もありませんでした。幻聴のような症状が現れたことで、「このままでは本当にまずい」と感じるようになりました。

そこで会社員生活を続けながら、再びＤＤを実践することにしました——今度は一人でなく、皆で。

まずは友人を誘って、一泊二日のＤＤ合宿をすることにしたのです。一斉にスマホの電源を切って、あとは食事やトレッキング、温泉や談笑を楽しむなど……。社会人になってから目の前のことにただ浸る時間がほとんどなかったことに気がつきました。

その後、ＤＤＪを立ち上げた代表理事の石田国大氏と出会いました。同じ志を持つ方との出会いに運命を感じ、共に活動することに決め、現在に至ります。

「ケイパビリティ」ではなく「キャパシティ」の問題

ＤＤＪのプログラムを開催するうちに、徐々にではありますがＤＤに関心を持ち、参加してくれる人が増えていきました。コロナ禍でデジタル疲れに悩む人が増え、企業や学校からもＤＤに関する講演依頼をいただくようにもなりました。

こうした活動の中で、僕の悩みは皆の悩みであることを確信するようになりました。

ＤＤの体験イベントを開催していると、実に多くの発見があります。まずスマホの電源をＯＦＦにして専用のケースに預けるのにも勇気が必要です（そもそも電源の切り方を知らない方もいらっしゃいます）。参加者の方は、最初は手持ち無沙汰な状態。ポケットに手を伸ばし、スマホを取り出そうとして「預けていたんだった……」と苦笑いを浮かべる方も少なくありません。

それでも次第に、スマホの不在が気にならなくなります。スマホの世界のことを忘れて、アクティビティや目の前の人との対話に没頭する人が増えていきます。スマホがないことから居合わせた人たちの会話が増え、夜に焚き火を囲む頃には皆の表情が柔らかくなります。

宿泊型のイベント参加者からは、「本当によく眠れた！」「目や肩の痛みが楽になった」などの感想をいただくことも多く、短い時間であっても確実な効果があることがわかりました。「スマホで写真撮影ができない分、目の前の風景を注意深く観察できた」「目の前のことに集中できたのが嬉しかった」といった感想もいただきました。中には、ＤＤ体験をきっかけに自分のやりたかったことや好きなことを振り返る時間をその後の生活で作るようになり、新たなキャリアを歩み出す人もいます。

参加者の方の変容を間近で観察する中で、こう考えるようになりました。

今の私たちに足りないのは、余白ではないか。

私たちが思うように力を発揮できないのは「ケイパビリティ《能力》」ではなく、「キャパシティ《許容量》」不足が原因なのではないか、と。

スマホの充電は満タンなのに、自分の充電はできていない人がたくさんいます。それは、勿体《もったい》ないこと。DDにはキャパシティを確保するだけでなく増大させる、単なる休息以上の可能性があると、数々の参加者の声や国内外の研究に触れて感じたからです。

戦略的〝暇〟が生まれるまで

僕は活動を通じて、DDは世の中に余白を作る行為なんだと気がつきました。余白、つまり、暇です。

このデジタル化した社会で一切のデジタル機器なるものから（一時的であれ）離れる時間を作るわけですから、DDをするときに私たちは〝究極の暇人〟になるわけです。この「暇人」の状態になるからこそ、気づけること、得られるものがある。多忙な日常生活にほんの少しの暇（余白）を取り入れるだけで、英気を養い、これまで見過ごしてきたこと（たとえば、抑圧してきた自分の感情や想い）に気づき、本来の力を開花させる人は増えるでしょう。

DDの体験に来てくれる人たちは人生の転機にあることが多く、次のキャリアを模索する人や休職を余儀なくされた人も少なくありません。彼らは無意識のうちに自分が変わるための「余白」を求めていて、DDという方法に辿り着いたのかもしれません。

現代において、「暇」は何も生み出さない非効率的な存在として――「暇とは埋めるべきもの」だと――、隅に追いやられています。しかし、暇を人間社会の中心に置き、その創り方と活かし方について考えることで、もっとたくさんの人たちが休息を得て、人生を変えるエネルギーを自ら生み出していくのではないでしょうか。そして、その休息は忙しい現代の暮らしの中にも簡単に取り入れられます。

革命は「ベッド」から――「どう休むか」の前に「なぜ休むか」

あらかじめ断っておきたいのですが、本書は単なる「休息のためのハック本」ではありません。過労が社会問題になっている昨今、休息にまつわる方法論が多々出回っていますが、多くは「どう休むか（Ｈｏｗ）」について説かれており、そもそも「なぜ休むか（Ｗｈｙ）」を本質的に問うものはほぼ皆無です。

ではなぜ休むのか――この問いに答えるとするならば、それは自分の人生に、ひいては社会に「ポジティブな変革を起こすため」です。ただ、明日も明後日も同じように考え、働き、現状維持をするために「休む」のではありません。自分が変わるためにも、社会が変わるためにも、たくさんのエネルギーが必要だから「休む」のです。

本書を手に取られている方の中には、行き場のない徒労感に苛《さいな》まれている方もいるでしょう。仕事のパフォーマンスを上げたい方もいれば、なんとなく「今の生活を変えたい」と願う方もいるかもしれません(これまでDDイベントに参加くださった方々のように)。

まずはあれこれ考える前に「ねえ、ちょっと疲れてるんじゃない?」と自分に問いかけ、早めに暇を作ることを、そしてその暇の過ごし方を変えてみることをおすすめします。

暇をもって充足の時間を作り出すのは、勇気ある行動です。人生を変えるために本当に必要なことから目を背け、他人の意見やネット上の情報に右往左往するだけなら、面倒な思考や勇気なんて必要ありません。しかし、満足できない人生をやり過ごすために「頑張っている」のだとしたら、逆にそれは怠慢とすら感じます。

ジョン・レノンが、〝Living is easy with eyes closed〟と歌った通り、「人生は目を閉じて生きていれば容易い」のです。皆が思考停止状態で忙殺される中、自分ひとり休むほうが勇気を求められる。そんな時代に私たちは生きています。今こそ、その勇気を持ってほしいと思います。

私たちに必要なのは自分のための余暇を取り戻し、その余暇で培われた思考やエネルギーを個人と社会にとってより良い方向へと向けるための「戦略」です。そして、その戦略――つまり「戦略的〝暇〟」の技法を示すのが本書の役割だと考えています。

戦略的〝暇〟を実践する人が増えれば、あなたが変わり、最終的には個人の集合体である社会をも変える力になると、僕は信じています。

休むだけで、自分のみならず社会まで良くなっていく――。なんだか素敵な革命だと思いませんか?

そんなことが可能だと信じる人も、まだ信じられない人も、ぜひほんの少しのあいだスマホをしまい、本書を読み進めてください。

So, I start a revolution from my bed.
だから、僕はベッドから革命をはじめるのさ

――Don't Look Back In Anger (Oasis)

本書のロードマップ

スマホは、現代社会を高速回転させる加速装置のようなものです。まずは、このスマホが生み出すデジタル疲れの問題を入り口にして、現代人の疲労感を生み出す根源を辿っていかなければなりません。

では、デジタル疲れにどう対処するのか。まずは、この問題をシステム全体として捉えてみましょう。図にすると、次のようになります(図1)。

見慣れない用語が並んでいるかもしれませんが、これから本書で解説していくのでご安心ください。図にすると、あくまでデジタル疲れやそれから生じるスマホ依存の問題は「表層の問題」であることがわかります。

デジタル疲れを生み出すパターンを見ていくと、スマホが普及し、私たちが適応しようとするうちにいつしか疲労状態に陥っているのです。その過程でストレスが蓄積すると、疲れによってストレス耐性が下がり、よりネット上の誘惑に抗えなくなる負のサイクルが生じます。

負のサイクルが生まれる背景には、さらに深層にある社会システムの問題や私たちの脳が持つ特性が介入していることにも気がつけます。深層にある問題が複雑に絡み、私たちの行動パターンを作り出し、スマホ依存の問題として表面化しているのです。

図1. デジタル疲れの問題をシステム全体で捉えた場合

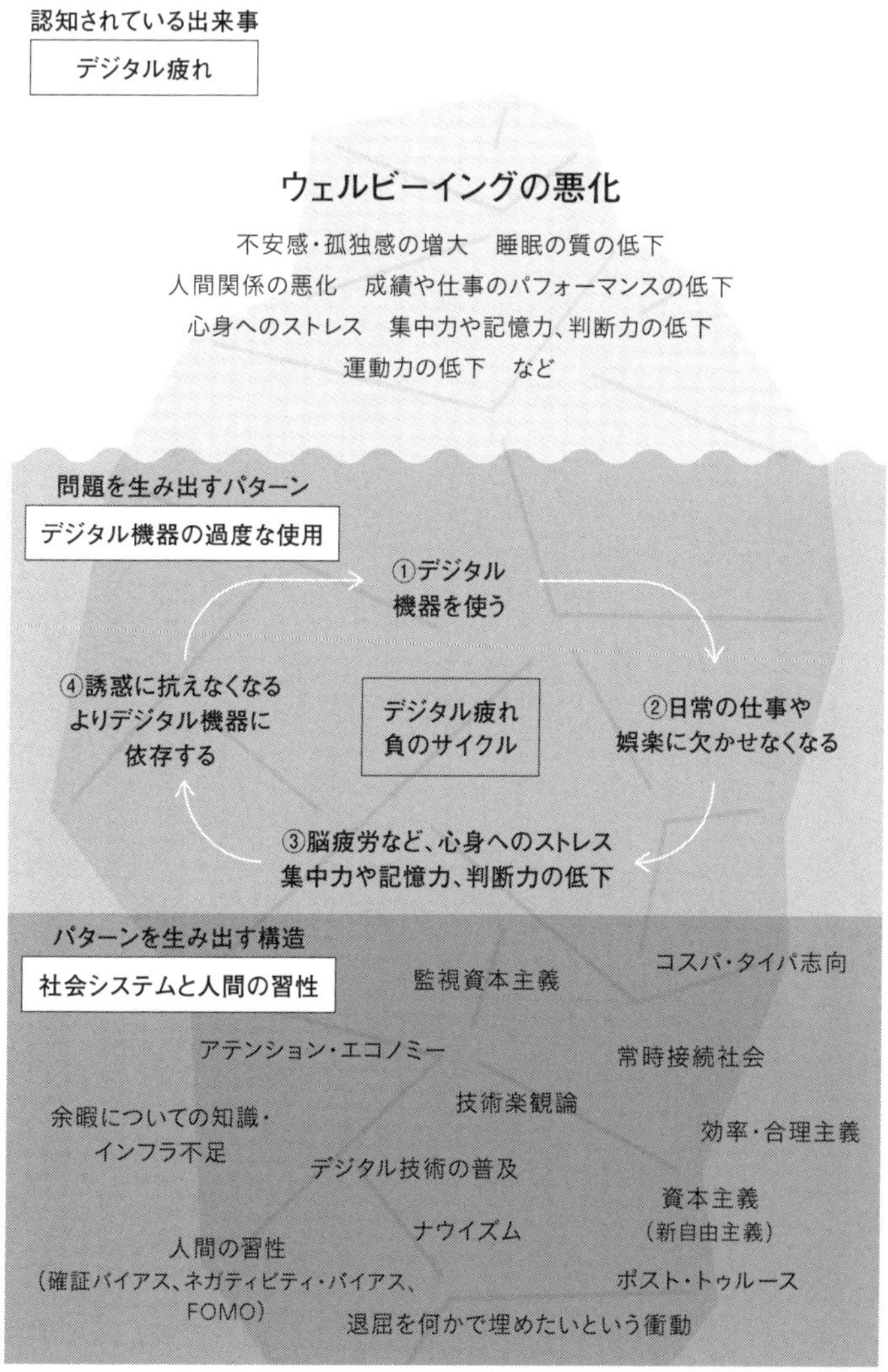
認知されている出来事
デジタル疲れ
ウェルビーイングの悪化
不安感・孤独感の増大　睡眠の質の低下
人間関係の悪化　成績や仕事のパフォーマンスの低下
心身へのストレス　集中力や記憶力、判断力の低下
運動力の低下　など
問題を生み出すパターン
デジタル機器の過度な使用
①デジタル機器を使う
②日常の仕事や娯楽に欠かせなくなる
③脳疲労など、心身へのストレス
集中力や記憶力、判断力の低下
④誘惑に抗えなくなるよりデジタル機器に依存する
デジタル疲れ
負のサイクル
パターンを生み出す構造
社会システムと人間の習性
監視資本主義
コスパ・タイパ志向
アテンション・エコノミー
常時接続社会
技術楽観論
余暇についての知識・インフラ不足
効率・合理主義
デジタル技術の普及
資本主義（新自由主義）
ナウイズム
人間の習性（確証バイアス、ネガティビティ・バイアス、FOMO）
ポスト・トゥルース
退屈を何かで埋めたいという衝動

もちろん因子となるものは、図1でご紹介した限りではありません。私たちがスマホにのめり込むほど、SNSのサービス提供側はそれを商機として、より依存性の高いサービスを開発するなど、負のサイクルの各所にはさまざまな「介入要素（パターンを生み出す構造）」が存在するのです。それらが、負のサイクルから抜け出すのを困難にしている点も指摘しておかなければなりません。

戦略的〝暇〟が目指すところ

本書でご紹介する戦略的〝暇〟のレシピは、単にデジタル疲れに対する解決策になるだけではありません。なぜなら、氷山の深層にある「社会システムや人間の習性」によって生まれた現代人の「バグ」を補正しうるものだからです。

本書を読み進めていただくうちに、私たちを現代特有の過労に追いやる存在が浮かび上がるはずです。

僕は戦略的〝暇〟の実践によって、次のような流れ（図2）を作りたいと考えています。

図1の氷山のように問題は複雑に絡み合っているので、たった一人で単一の解決策を講じても残念ながらシステムの挙動は変わりません。もちろん、テック企業の規制や労働環境の是正など、

図2. 戦略的“暇”の実践による流れの創出

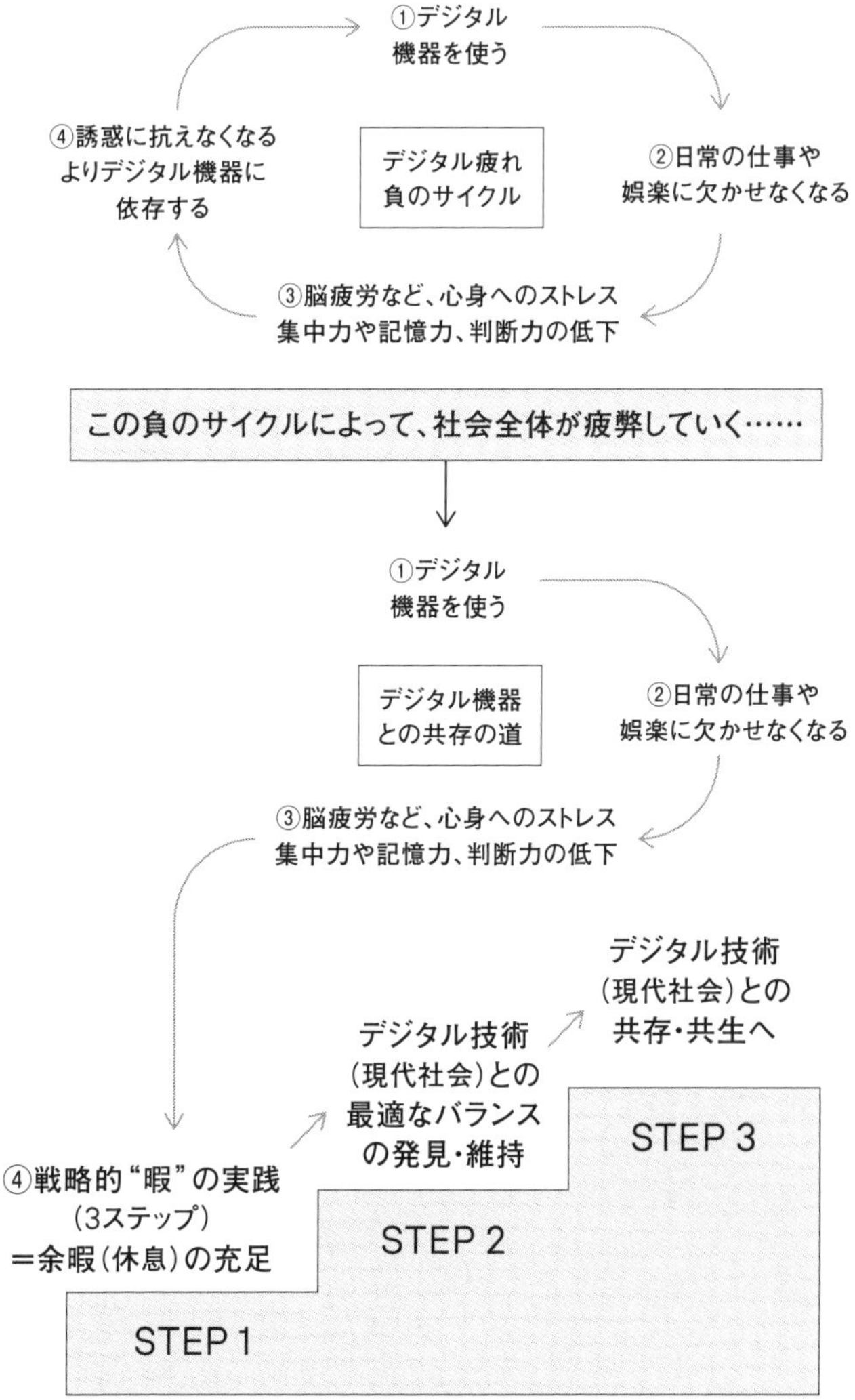
①デジタル
機器を使う
②日常の仕事や
娯楽に欠かせなくなる
③脳疲労など、心身へのストレス
集中力や記憶力、判断力の低下
④誘惑に抗えなくなる
よりデジタル機器に
依存する
デジタル疲れ
負のサイクル
この負のサイクルによって、社会全体が疲弊していく……
①デジタル
機器を使う
②日常の仕事や
娯楽に欠かせなくなる
③脳疲労など、心身へのストレス
集中力や記憶力、判断力の低下
デジタル機器
との共存の道
④戦略的“暇”の実践
(3ステップ)
＝余暇(休息)の充足
デジタル技術
(現代社会)との
最適なバランス
の発見・維持
デジタル技術
(現代社会)との
共存・共生へ
STEP 1
STEP 2
STEP 3

政府や企業の介入は必須です。

ですが、まずは自分から変わること。一人、また一人と戦略的〝暇〟を実践する人が増え、同時多発的にシステム改善のためのボタンを押していけば、少しずつ社会の様相は変わるはずです。

これは個人戦であり、チーム戦です。ですから、早く皆さんにも輪に加わっていただきたいのです。

今私たちが目にしているのは、息つく間もない現代の生活に疲弊し、わずかな余暇の時間さえもスマホのスクロールに充て、さらにストレスを蓄積させてしまう人たち……。ではなぜ私たちがこのような状態に陥ったのか、氷山の見えざる部分を探るべく、次章から少しずつ潜行を始めていきましょう。

本書の読み進め方

哲学者、経済学者、科学者、社会学者、宗教家……、知の巨人たちの肩の上に乗り、暇が持つ可能性やその有用な活かし方についてまとめた実践ガイドがこの「戦略的〝暇〟」です。

僕はただそれぞれの分野で賢人と呼ばれる人たちの思考が交わるところに立ち、彼らの考えを紡ぎ合わせたにすぎません。DDを研究する者として、自身の考察を盛り込んでいますが、あくまで僕はデジタル社会を巡る問題を紐解こうとするキュレーターであり、余暇の可能性を探るために皆様をお連れする一介の案内人です。

本書は、戦略的〝暇〟について解説したうえで、世界のデジタル化の流れや働き方の変遷、私たちが〝暇〟のない状態になった背景を紹介するPART1と、戦略的〝暇〟のレシピを紹介するPART2の2部構成となっています。

・PARTⅠ

第1章では、私たちがデジタル社会にどうやって浸っていったのかを振り返りつつ、戦略的〝暇〟が現代人に必要な理由を深掘りしていきます。そして、暇がもたらすエネルギーは良くも悪くも大きいことから、本書が「向かわない方向」についても明示します。

第2章では、デジタル社会が私たちの心身をどう変えたのか、科学的な見地をもとに理解を深めます。なぜ私たちがデジタル上の誘惑に抗えないのか、生物学的な観点からも考察します。

第3章では、デジタル技術を基盤とする社会が人々をどのように変えてしまったのか、「アテンション・エコノミー《注意経済》」「ナウイズム」などの概念を用いて考えます。

PART2に至る頃には、現代に生きる私たちが何にとらわれているのか、霧が晴れて視界が開けてくるような感覚があるでしょう。そこでいよいよ、私たちが浸るシステムの中からどのように満ち足りた余暇社会を目指すべきか、それぞれの幸せを見つけるための戦略的〝暇〟の具体的な実践に入っていきます。

・PART2

第4章では、戦略的〝暇〟の一つ目のステップであるデジタル疲れを癒やし、ストレスから自由になるためのDDをご紹介します。

第5章では、効率至上主義の社会から抜け出し、生きることの豊かさをもたらしてくれる時計時間デトックス(二つ目のステップ)について。

第6章では、人間に眠る最古のデジタル的存在である「自我」を解く段階(自分デトックス：三つ目のステップ)へと入っていきます。

戦略的〝暇〟の三ステップをご紹介したうえで、最後の第7章ではデジタル社会を生きる人たちの処方箋になりうる「空間パフォーマンス(スペパ)」への理解を深めていきます。

＊＊＊

それでは、そろそろ第一章へと移りましょう。このまま、人も社会も忙しない方向に突き進むのか。それとも、充足した余暇社会へ向かうのか——。私たちが、どちらへ進むのかにかかっています。

道はこれを行きて成る
(道はすでに用意されているのではなく、人々が歩んでいくことで生まれていく)

——荘周

PART 1

戦略的“暇”とは?

第1章

私たちはどこから来たのか

昨日の私は利口だった。
だから世界を変えようとした。
今日の私には知恵がある。
だから、まずは自分自身を変える

——ジャラール・ウッディーン・ルーミー（イスラムの詩人）

本書のタイトルでもある「戦略的〝暇〟」を改めて定義すると、次の通りです。

日常に「良質な暇」を取り入れ、
現代社会のストレスから一時的に離れる時間を生み出し、
人生の質をより良い方向に転換させるエネルギーを養うこと。
個々のエネルギーを充足させ、
そのエネルギーを外部にも伝播《でんぱ》し、
社会そのものを良い方向に転換させることを最終目的とする。

本章では、暇を「休息」として捉え直したうえで、なぜ休息のアップデートが現代に求められているのか、その理由について考えます。

1 最高のOFFから最高のONを生む

「戦略」と「暇」の定義

まずは、「暇」という言葉の定義を改めることから始めましょう。「暇」という言葉にはどこか非生産的な響きがあり、目的のない状態を連想させます。そのため、ネガティブな印象がつきまとうこともあります。辞書を引くと、「なすべきことの何もない時間」とも説明されています。

しかし、暇が本当に何も生み出していないのか、というとそうではありません。パックス・ロマーナ（ローマの平和）期やルネサンス期、江戸時代など、平和かつ経済的な安定を迎えた時代の折々には文化が華開きました。これらの事象に鑑みると、ここには「暇」がもたらす恩恵があったと言えます（これらの時代において余暇を享受できたのは、有閑階級と呼ばれるごく一部の層でしたが……）。

『幸福論』で有名な哲学者バートランド・ラッセルは自著『怠惰への讃歌』の中で、「学問や芸術など、人々の生活を豊かにするものは労働を免除された階層から生み出されたもの」であるとし、一方で「仕事そのものは立派なものだという信念が、多くの害悪をこの世にもたらしている」とまで述べています。[1]

一方で戦略という言葉は、今ではビジネスからスポーツまであらゆる分野で使われています。子どものときから社会人になるまで、「君は何になりたいのか」「そのために何を頑張っているのか」など常に問われ続けます。それだけ私たちは、目的地の設定と目的地に向かう道筋を求められながら、日常生活を過ごしているのです。

たとえ無自覚であったとしても、たとえ自分が設定した目的地でなかったとしても、私たちは目的に駆り立てられ、その達成のために今持てる時間を化石燃料のように燃やしながら、蒸気機関車のごとく走り続けているのです。

「パッシブ・レスト」と「アクティブ・レスト」

本書は「戦略的に(=目的を持って)、暇(=目的を持たない時間)を作ろう」と言っているわけです。タイトルからして何やら矛盾を孕《はら》んでいますし、「わけがわからないぞ」と違和感を覚えるかもしれません。それに私たちは元来、すべてに目的や意味を見出そうとする生き物です。暇を暇のまま渡されても、あるいは暇な状態がふと生まれても、ただ時間が過ぎるのを座って待つようなことはできません。

では、暇な時間として余ったもの――「余暇」にはどのような使い道があるのでしょうか。ここで一度、ChatGPTに聞いてみることにします。

余暇とは、仕事や義務から解放された自由な時間を指す。日本では、休養・娯楽・学び・社会参加など多様な使い道がある。近年はワーク・ライフ・バランスの重視により、その価値が見直されている。単なる暇とは異なり、主体的に活用される時間とされる。

（2025・3・23時点）

なるほど、ここで「自由」という言葉が出てきます。暇はそれ自体として目的を持たないわけですから、当然その使い道は自由に決められるわけです。

ChatGPTの回答では、暇な時間の使い方として「休息」が第一に挙げられています。

本書でも暇の使い道として、休息を大きなテーマに掲げています。とはいえ、この休息とはただ「身体を動かさずに休むこと」だけを指すわけではありません。休息には、「パッシブ・レスト」と「アクティブ・レスト」の二種類があります（表1）。

表1. 休息の種類と内容

パッシブ・レスト（心身の活動を最小限に抑える）	アクティブ・レスト（心身の活動を伴う）
身体的な休息や睡眠	軽い運動（散歩など）
リラクゼーション（マッサージや入浴）	創作活動（絵を描く、音楽を演奏する、料理をする）
簡単な呼吸法（深呼吸）	学習（読書など）
	ヨガや瞑想

パッシブ・レストは体や心を完全に休ませるための休息法で、身体的および精神的な活動を最小限に抑えることに重きを置きます。心身の疲労が蓄積している場合には、エネルギーの再充塡《じゅうてん》のため、パッシブ・レストを優先的に取り入れます。

一方、日常的なルーティンから離れ、気分転換の機会にもなるのが、アクティブ・レストの大きなメリットです。

こうして考えてみると、休息が指し示す範囲は非常に幅広く、場合によっては趣味やライフワークも包括して休息と捉えることができそうです。そして、これから本書で詳しく解説していきますが、この双方をバランス良く取り入れることが、人生を満ち足りたものにするためには欠かせません。

本書が指し示す「暇」の使い道はおおむね、

このパッシブ・レストとアクティブ・レストに二分されると考えていただいて問題ありません。そして僕は暇が、「より良く休むこと」が私たちの可能性を引き出し、私たち自身を、あるいは社会そのものを良い方向へと変えると信じています。

休息が社会を変える

本章の冒頭で定義した「戦略的〝暇〟」の定義に、「良質な暇」というワードがありました。これは、前述したパッシブ・レストやアクティブ・レストを通じて心や体を回復させる余暇のあり方を指します。余暇を存分に楽しみながらもそれが享楽的なものではなく、余暇以外の時間――つまり仕事などにも良い影響を与えるあり方です。

「元気があれば何でもできる」。これは、アントニオ猪木氏の有名な言葉です。元気があれば、何にでもチャレンジする意欲が湧くもの。しかし、現代では多くの人にその元気がないように映るのです。その元気がない原因を辿ると、暇の使い方に問題があるのではないかと考えています。

これだけ「新しい働き方」が浸透しても、新しい休み方へのアップデートは大きく遅れています。

私たちは現代に即した「元気になる方法」を知り、実践していかなければなりません。元気のない人たちが集まったとて、既存の社会の問題点を変えていくことはできません。むしろその逆で、ストレスがかかった状態で正常な判断を下すことは難しく、信憑性のない言論に呑《の》まれ、低きに流れていってしまう危険すらあるのです。

小説『鏡の国のアリス』に出てくる赤の女王の台詞に有名な一節があります。[2]

ここではじゃな、同じ場所にとどまるには、全速力で走り続けるしかないのじゃ。どこか別の場所に行きたいのなら、せめて全速力の二倍の速さで走らないとならぬのじゃ！

私たちが生きる現代はＶＵＣＡ*の時代と呼ばれて久しく、ＡＩを筆頭に加速度的に発達するテクノロジーが、あれよあれよと世界のあり方を変えています。

また後ほど詳述しますが、これまでの資本主義は限界に来ていると世界の知識人たちが警鐘を鳴らし続けています。これまでの異常とも呼ぶべき経済成長が残した環境破壊や社会格差の問題は深刻であり、これ以上解決を先延ばしにすることはできません。

＊　Volatility（変動性）、Uncertainty（不確実性）、Complexity（複雑性）、Ambiguity（曖昧性）の頭文字を取った言葉で、社会やビジネス環境の複雑性が増大する中で想定外のことが起きたり、将来の予測が困難だったりする、不確実な状態を指します。

もはや、「この場に留まる」だけでは不充分であり、より良い社会が見える方向へ舵を切る必要があるのです。

となると、全力どころかその倍のスピードで動かなければ、到底間に合わない……。

では、どこに向かうべきなのか。残念ながら、本書ではその問いに答えられません。なぜなら「どんな社会が理想なのか」は、これから私たちが対話しながら作っていくべきものだからです。

その対話をするためのエネルギーも、自分や社会を変えるためのエネルギーも、現代では枯渇しています。だから、「まずは蓄えることから始めませんか？」ということを本書で訴えたいのです。どうやって、そのエネルギーを蓄えるのか。それは良質な暇について考え、実践することから始まります。

まずは立ち止まり、一休みすること。これが社会変革の第一歩になる。

「一歩目が立ち止まるって何だよ」というツッコミが聞こえてきそうですが、既存の社会システムの制度疲労が進み、その内側にいる私たちの多くが疲弊してしまっている今、これが最も現実的な提案ではないでしょうか。

2 良質な暇の希少化と「新しい休み方」の必要性

リモートワークで働き方は改善されたのか

2020年に未曾有《みぞう》のコロナ禍がやって来たとき、世界中が新しい働き方への移行を余儀なくされました。多くの業種でリモートワークを取り入れる中、通勤や会議に要する移動がなくなることや、デジタルツールを駆使した自動化が進むことで、業務は効率的になり、労働に費やされるストレスや時間が減るのではないかとの期待もありました。

しかし海外では、急激なワーク・シフトによって起きる弊害がパンデミック初期から指摘されていたのです。その弊害の一つが、「長く不均一な労働」です。2020年7月に全米経済研究所が発表した300万人以上を対象にしたデータ分析によれば、従業員がオンライン会議に費やす時間はパンデミック前と比べて11％も増加しています。[3]

海外の報道では、認知的負荷の高いビデオ会議にはストレスがかかりやすいとされ、「Zoom Fatigue《ズーム疲れ》」という言葉も生まれました。

Microsoft社の調査書「ワーク・トレンド・インデックス」では、同社のチャットサービスの平均的なユーザーは業務時間外に1人あたり42%も多くチャットを送信していると報告されています（2021年と2022年の同月データを比較）[4]。同報告書では、これまで仕事のピークは午前と午後の二つだったのが、コロナ禍で「第三の仕事の山」が夜にできているとし、日常生活の中で仕事とプライベートの区切りをつけられずに心身に支障をきたす人が増えるリスクが指摘されているのです。

新しい働き方で効率的な働き方が促され、労働環境が大幅に改善されたのかと考えると、一概にそうとは言えないようです。新しい働き方が産み出した新たな問題も、浮上しているのですね。

労働時間の増減だけでストレス具合は測れない

世界経済フォーラムは2021年、労働時間の変化をまとめたレポートを発表しました[5]。そこには、「労働時間に関する研究をまとめると、先進国の多くでは労働時間が大幅に減少した」と書かれています。同レポートによれば、過去150年間で平均労働時間は劇的に減っており、ドイツでは60%ほど、英国では40%ほどの減少が見られました。

図3.日本における総実労働時間の推移（厚生労働省「毎月勤労統計調査」の図を参考に作成）

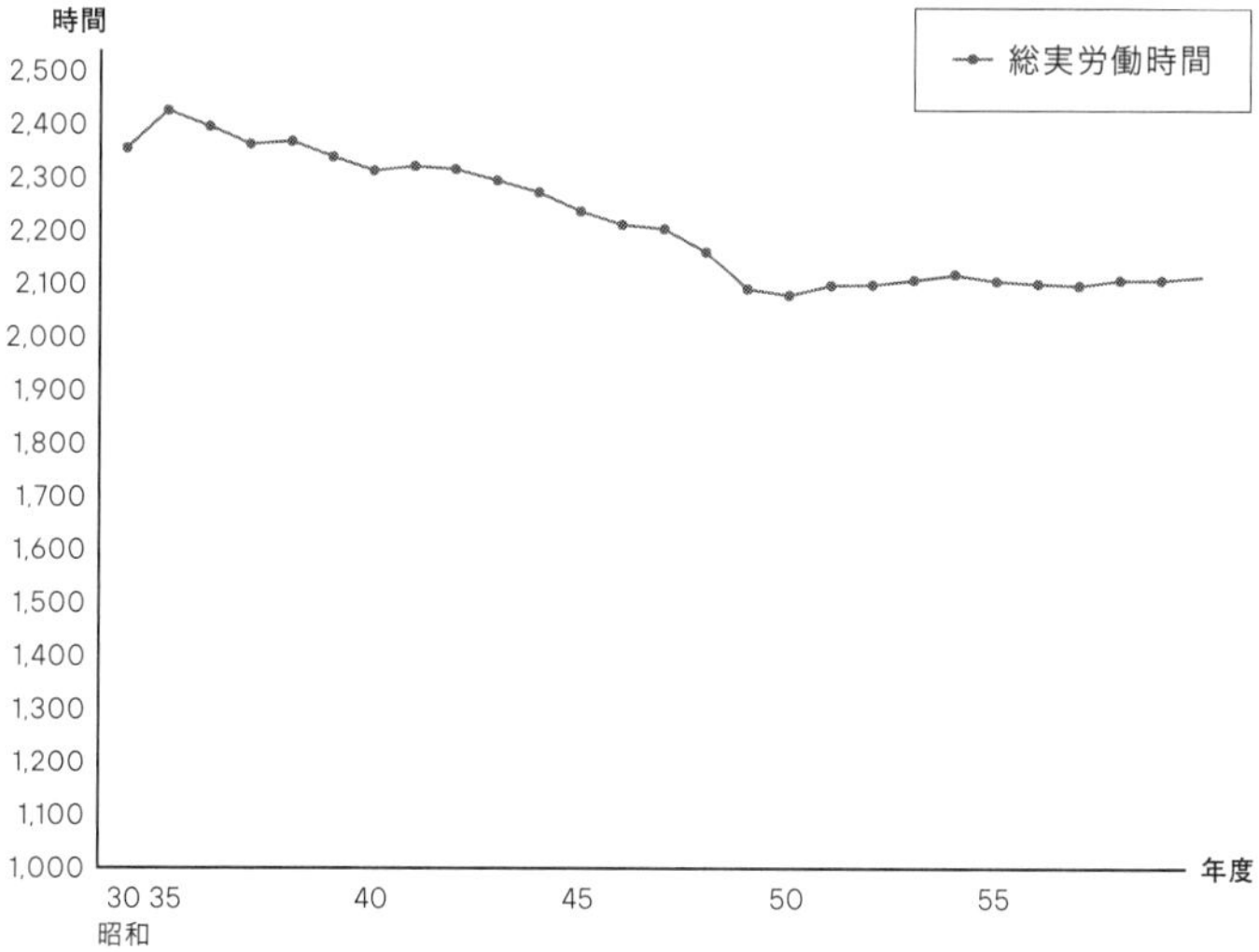

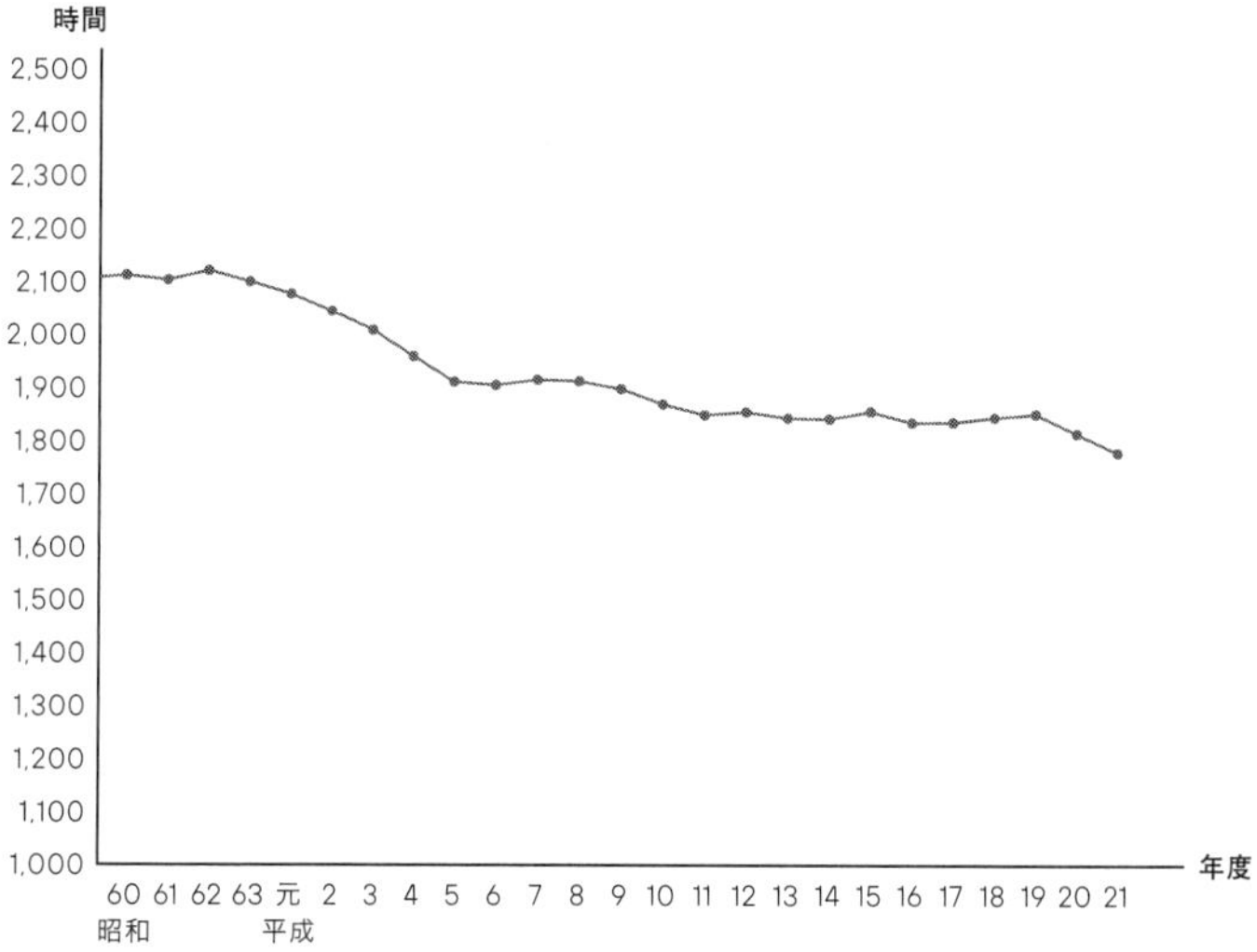

ちなみに日本では、厚生労働省が「毎月勤労統計調査」によって昭和30年代以降の労働時間の推移を発表しています。[6] 同調査を見ると、総実労働時間は1955年時点で年間2356時間。2014年度には、1841時間まで減少しています（41ページの図3）。

しかし、労働時間の増減だけを見比べて、「昔よりも労働時間が減っているから、暇の問題など気にする必要はないじゃないか」と結論づけるのは早計です。

ISSP（国際社会調査プログラム）による調査を見ると、労働時間と仕事のストレス度は必ずしも比例しないことがわかります（図4）。

2005年から2015年にかけて、日本では長時間労働が減っているにも関わらず、ストレスを感じる人の割合は激増しているのです。[7]

この調査を見る限り、単に労働時間が減れば労働者のストレスが減るわけではないとわかります。リーマンショック（2008年）をはじめ、社会情勢の変動が働く人のストレスに大きく関わっている可能性は高いものの、かねてから指摘されてきたハラスメントや雇用形態など、労働環境の見直しが必要なのは言うまでもありません。

そして、労働時間以外の「暇な時間の使い方」でいかに心身を充足させるかも重要だと、考えさせられます。ちなみに、1997年はMicrosoftが電子メールやカレンダーなどPCで仕事ができるソフト「Outlook」をリリースした年。2000年からは携帯電話によるコミュニケーション

図4. 労働時間とストレス具合との関係（「社会実情データ図版」の図を参考に作成）

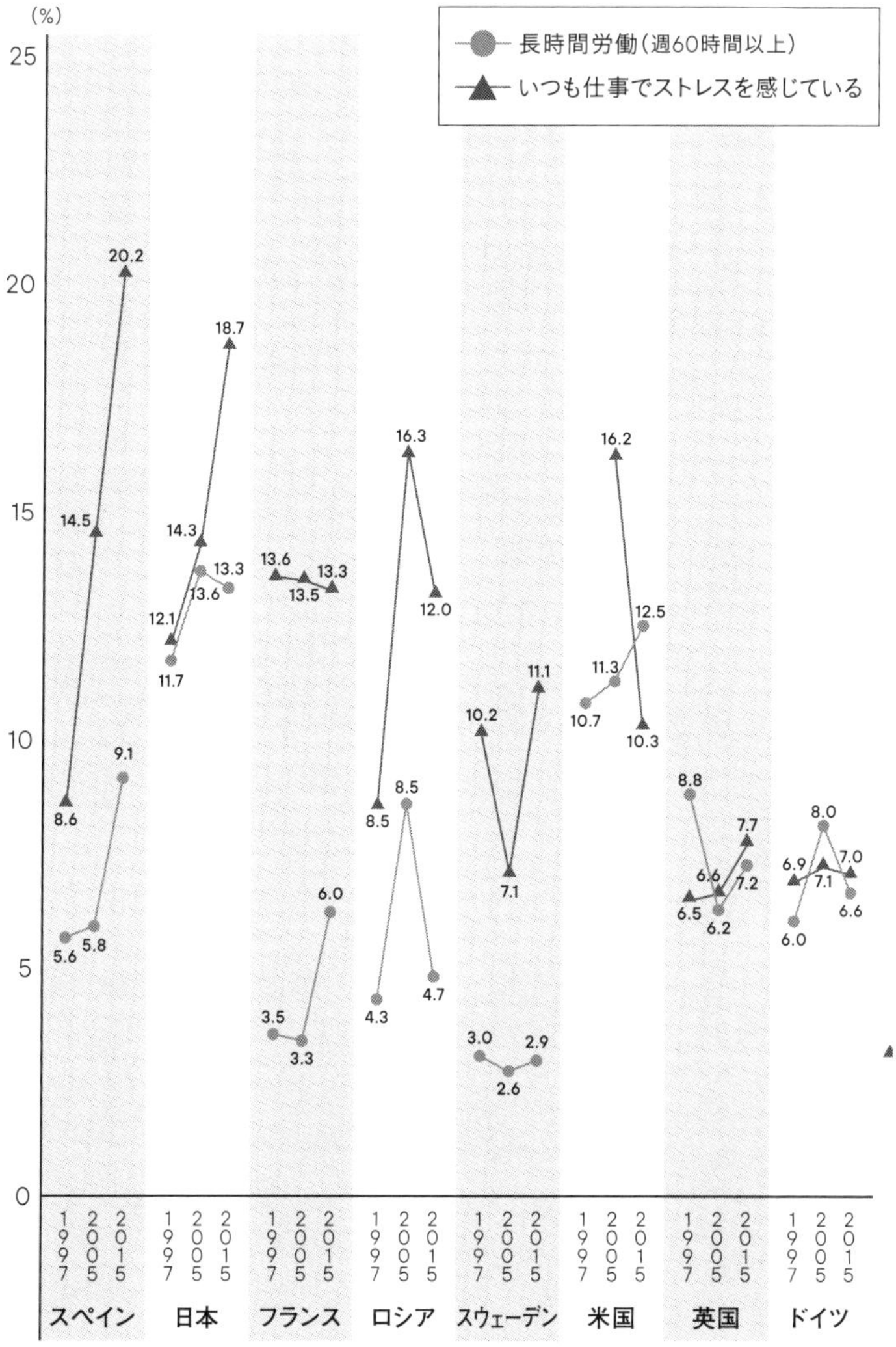

が普及し、この時期から私たちは少しずつ「常時接続」状態になっていったこと、つまり精神的な拘束時間が長くなったことも、付記しておきましょう。

ただ暇な時間があれば良いのではなく、その質が問われていると、感じませんか？

「テンポラリー・ノーマル」ではない

コロナ禍でよく耳にするようになった「ニュー・ノーマル《新しい常態》」という言葉。「テンポラリー・ノーマル《一時的な常態》」ではないことに着目して、少し考えてみましょう。

これまでにも、人類は大きなパラダイム・シフト（その時代を支配する思考の枠組みが大きく変わること）を経験してきました。歴史を遡《さかのぼ》れば、一度新たな技術が普及すると、かつて使われていたものにダウングレードされるのは極めて稀です。つまり、パンデミックでアップデートされた働き方や生活様式そのものは決して間に合わせなどではなく、これからの時代の当たり前になっていくのです。

そして、ニュー・ノーマルを生きる私たちがいまだアップデートしきれていないのが「休み方」です。惜しまれつつも2023年に亡くなった、フランスを代表する経済学者ダニエル・コーエンはこんな指摘を残しています。

六〇年代の労働者たちは、日中は工場で働き夜はテレビを見て過ごしていた。現代人は、日中はコンピュータの前で働き、夜はタブレットを見て過ごす。新世界に入っても、六〇年代とほぼ同じことをやっているにすぎません。

――『自由の奪還』[8]

現代の私たちに必要なのは、身体の休息の中でも特に「脳の休息」です。現代を生きる多くの人が業種を問わず、デジタル機器を駆使して外部の情報に接触し続ける生活を送っています。身体の他の部位と同様、脳も情報処理をこなすことで疲労が溜まります。スマホの中は新しい情報やネガティブな情報に溢れており、脳はそれらに強く反応します。

多くの広告やアプリの通知も無視される運命にありますが、「見ない」という判断を下すのにも脳はエネルギーを消費します。

このような情報の取捨選択が続く生活で溜まるのが、冒頭にも述べた「脳疲労」です。脳疲労を早期かつ継続的に取り除いてあげることで、私たちは本来の力を発揮し、幸福度の高い日常生活を送ることができます。

これまでの休み方ではいけない

慢性的なストレスなどが原因で起きるのが、「燃え尽き症候群」です。

イェール大学で全学部生の4分の1が受講した人気な科目があります。その教鞭を執《と》るのは、認知科学者で幸福学の専門家であるローリー・サントス。彼女は、あるとき自ら人気科目を休講する決断を下しました。理由は、「燃え尽きのサイン」でした。米誌「ニューヨーク・タイムズ・マガジン」の記者は彼女にこう質問しました。[9]

もし幸福学の専門家が燃え尽き症候群を理由に休職をするのだとしたら、私たちにはどんな希望が残っているというのですか？

サントスは「休暇を取ったのは、燃え尽きないようにするためだ」と答えます。彼女はイライラしたり、相手の発言を悪意のあるものだと感じるようになったり、自分は無力だと感じたりする機会が増えたら、その兆候を無視できないと語ります。

そうでなければ、学生たちに「無理をせずに休みなさい」なんて伝えられないでしょう？「幸福学の専門家ですら幸福ではない」という話ではありません。ある朝、目が覚めたら燃え尽きて

いた……そんな事態を避けるために、今変化を起こしたのです。私はそれをポジティブなことだとして捉えています。

休む勇気を持って、行動に移した彼女の行動は讃《たた》えられるべきです。

燃え尽き症候群のリスクを抱える人が増えた背景には、コロナ禍での不安定な経済状況、雇用や事業存続への不安など、複数の要素があったと考えられます。

こうしたVUCAの時代がもたらす外部要因に対しては、一組織や個人のコントロールが難しいのも事実ですが、前出のHBRでは、組織が会議の増加や不健康なレベルのスクリーンタイムを看過していたとも指摘されています。このデジタル過多な働き方でかかるストレスにおいては、コロナ禍以前にも問題視されていたことなので、組織にも改善の余地が大きくあるのです。

60年代の労働と現代の労働の「悲痛な共通点」

コロナ禍は、歴史的なパラダイム・シフトとして記憶されるでしょう。その時代を目撃し、私たちは確かに生き抜きました(そうです、生き抜いたんです!)。だからこそ、オールド・ノーマル《古い常態》の働き方と休み方をいつまでも踏襲《とうしゅう》していてはいけません。今こそ、アップデートをする時期が訪れています。

「昔は良かった」と、ノスタルジーに浸ることは容易《たやす》い。しかし、今一度問いたい――仮に昔に戻れたとして、これまでの社会に戻りたいのか、と。少し寄り道になりますが、コロナ前までの社会の変遷、そして来《きた》るゲームチェンジへの動きについて、簡単に整理しておきましょう。

前出のコーエンは、60年代の工場労働も現在のITを駆使した労働も、働く側と消費する側の「ヒューマニティ《人間性》」を奪う点で共通していると述べています。[8] 働く側は限られた時間でより多くの成果物を生産することが求められ、消費する側はマーケティングによって購買欲を過度なまでに刺激されている。私たちは労働においては「生産の道具」であり、余暇においては「消費を促される存在」なのです。

まず、働く側に関して。日本語の過労死は今や〝Karoshi〟として英語の辞書にも掲載されるほどです。国としての豊かさを測るうえでは「GDP《国内総生産》」が当たり前のように使われていることから、私たちは常に「生産へと駆り立てられている」とも言えるでしょう。ビジネスパーソンたちが何気なく使う「ヒューマン・リソース《人的資源》」という言葉からも、人がカネを生産する「資源」として開発対象であることが窺《うかが》えます。

経済学者カール・マルクスの研究で知られる斎藤幸平氏（東京大学大学院准教授）は『人新世の「資本論」』（集英社新書）の中で、このように書いています。[10]

> 資本主義に生きる労働者のあり方を、マルクスはしばしば「奴隷制」と呼んでいた。意志にかかわりなく、暇もなく、延々と働くという点では、労働者も奴隷も同じなのである。いや、現代の労働者の方が酷い場合すらある。古代の奴隷には、生存保障があった。替えの奴隷を見つけるのも大変だったため、大事にされた。
>
> それに対して、資本主義のもとでの労働者たちの代わりはいくらでもいる。労働者は、首になって、仕事が見つからなければ、究極的には飢え死にしてしまう。

非常に辛辣《しんらつ》な指摘です。しかし、過労死や過労を苦に精神を病み、自ら命を断つ人があとを絶たない日本の現状を考えると、斎藤氏の指摘は核心を突いています。

行きすぎたビジネス

続いて、消費する側です。カナダ人ジャーナリストで作家のナオミ・クラインは1999年に『ブランドなんか、いらない』(大月書店)を上梓し、その中で大企業による行きすぎたマーケティングをすでに指摘していました。[11]

有形であれ無形であれ、資本主義の世界で生き残ろうとする企業は商品を生産して、誰かに消費してもらわなければなりません。クラインは同書において、企業の広告が日常生活のあらゆるところに侵食し、人々が自分の価値観に基づいて必要なものを選ぶ余裕さえも奪っていると批判しました。

加えてクラインは、こうした利益第一主義的な企業の活動のゆく末に格差が生まれ、環境破壊が引き起こされたと述べています。この本は大きな反響を呼び、反グローバリズムを訴える人たちのバイブルにまでなりました。

日本は、バブル期において異常と呼ばざるをえない経済成長を経験しました。モノを多く所有することが幸せの条件であり、企業は「売らんかな」の精神であの手この手を使い消費を促しました。

バブル絶頂期の1988年、西武百貨店のポスターにはこんな言葉が書かれていました。

「ほしいものが、ほしいわ。」

コピーライターの糸井重里氏による有名なコピーです。私たちが生産し、消費する本来の目的は生存と安心でした。しかし、多くの国において「今日の生存」が目標でなくなった今、人工的にニーズを生産し、それを広告によって認知・消費してもらうことが多くの企業にとっての生存の道になってしまったのです。これは、クラインが指摘していた点とも重なります。

「ほしいものが、ほしいわ」。このシンプルな一文は、「自分が欲しいものを知らない、だけど何かが欲しい」という現代の消費者の欠乏を感じさせる点で、非常に含蓄に富みます。そして、人工的なニーズ、あるいは欠乏感の製造拠点となるのが広告をはじめとする一連のマーケティングです。

社会学者ジャン・ボードリヤールが1970年に著した『消費社会の神話と構造』(紀伊國屋書店)では、消費が物質的な需要を超えて、意味の消費へと移行している点への指摘がすでにありました。[12]

必要以上に生産させ、消費させる。こうした性格を宿す現在の資本主義は、そのあとに到来するデジタル技術と非常にウマが合いました。いえ、「合いすぎた」と言うのが正確かもしれません。このデジタル技術と資本主義の結託については、後章で見ていきましょう。

来るゲームチェンジ

僕は、このまま歯止めのない資本主義のトロッコが私たちを乱高下させ続けるとは思っていません。この先を悲観しているから、あるいは悲観させたいからこんな話をしているのではありません。

現に、行きすぎた資本主義に「ストップ」を求める声が現代でも上がっており、変革への狼煙《のろし》を上げる人たちは確かに増えています。その筆頭と言える論客の一人が、『21世紀の資本』（みすず書房）を著した経済学者のトマ・ピケティです。彼は資本主義下での所得や私有財産の不平等がどのように進展してきたかを15年かけて調べあげ、「r＞g」という不等式で示しました。[13] この不等式にあるrとは、「資本収益率」。つまり、持てる資本からどれだけ利益を生んだかを示しています。またgとは、「経済成長率」のことで給与所得などをもとに割り出すことができます。ピケティは、この不等式で「資産があるだけで得られるお金は、働いて稼ぐお金よりも早く貯まる」ことを指摘しています。

さらに、彼は今のままでは格差は広がるばかりだと主張しており、富裕層には所得ではなく資産に対して課税をすべき、25歳になった若者にまとめて1500万円ぐらい一律に支給すべき、といった新しい資本主義のあり方を訴えています。[14]

資本主義に歯止めをかける人たちのキーワードとして挙がるのが、「脱成長」です。脱成長という用語を提唱したのは、経済哲学者セルジュ・ラトゥーシュ。彼は、地球の資源が有限である以上、無限の経済成長は幻想だとはっきり述べています。そして経済成長という信仰は、「際限なき生産」と「際限なき消費」「際限なきゴミの生産」の上に成り立っていると説きます。[15]

さらにラトゥーシュは、脱成長が単なる景気後退や経済縮小を指すのではないと述べています。あくまで「経済成長のための経済成長」をやめ、GDPに代わる指標を生み出して、豊かさとは何なのか再定義することが重要だと主張しているのです。ラトゥーシュの著書『脱成長』の中では「社会が物質的に富むほど、その社会に暮らす人々は生活に満足しなくなる」という論考もあり、現在の価値基準のまま、経済成長を追い求めても有限な資源がさらに食い尽くされるばかりか、人々はさらに不幸になるだけだと主張しているのです。

既存の資本主義のあり方を批判する海外の識者は多く、彼らの論考に触れておくことで、社会が向かうべき先についてのヒントが多く得られるでしょう。

そして、ゲームチェンジの波は日本からも。先ほど挙げた『人新世の「資本論」』で、斎藤氏は資本主義の退場を訴え「参加型社会主義」を提唱しました。独立研究家の山口周氏は『ビジネスの未来』(プレジデント社)において、既存のマーケティングの多くは限界を迎えた資本主義の延命装置であると批判し、利益第一主義のビジネスから社会問題を解決するためのビジネスへと転換していくことで資本主義をハックしていくべきだと述べています。[16]

作家であり環境保護アンバサダーとして活動する四角大輔《よすみ》氏は、脱成長の先にある暮らしを体現されています。音楽プロデューサーとしてミリオンヒット曲を数々生み出した四角氏はすべてをリセットし、自給自足的な森の生活へと移行しました。「お金持ちよりも時間持ちになる」ことを最重要事項として掲げる四角氏は、シンプルだけど決して質素でも痩せ我慢でもない豊かな生活を送る術を『超ミニマル主義』『超ミニマル・ライフ』（共にダイヤモンド社）で紹介していま[17]す。[18]

いずれも一読を促したい大変な良書ですし、彼らのメッセージに共感を受ける人は、日本でも確実に増えていると感じています。無論、僕もその一人です。ただ一つ誤解してもらいたくないのは、僕自身が政治的にも経済システム的にも「これを採用すべきだ」という持論や信条を持ち合わせていないことです。繰り返しますが、僕が求めているのはタイムアウト（一時停止）にすぎません。いったん立ち止まり、休み、英気を養いませんか、と言っているだけです。

ラトゥーシュが述べた通り、現在の資本主義は限りある資源を食い潰すことで成り立っています。しかし、際限なく企業が成長を続けるためには、もはや地球上の天然資源だけでは足りず、いつしか人間は自らを資源として開発することで、なんとか経済成長を維持させようとするでしょう。私たちの注意力はネット上の有象無象のコンテンツに惹きつけられ、そこで注意力を消費すればするほど広告収益としてSNSの企業が潤います。それにより、私たちは集中力や考える力の源泉となるエネルギーが奪われ、自分のことにすらまともに注意を向けられなくなっているのではないでしょうか。ヒトという括《くく》りで見れば、私たちは共食いに近いことをやっているわけです。

先に紹介した世界の知性と呼ぶにふさわしい識者たちは、いずれもこれ以上の経済成長は幻想であり、GDP以外の真の豊かさを示す指標が必要であることや、資本主義がもたらした格差問題などの是正の必要性を説いています。そして、世界が良い方向に向かうように行動を起こすべきなのは、まず私たち個人であるとも。

3 暇の向かう先は必ずしも善ではない

労働ではなく、余暇を賛美せよ

バートランド・ラッセルは、先の『怠惰への讃歌』で、社会が労働を美化するあまり個人の幸福を阻害していると批判しました。[1] ラッセルがこの本を著したのは、1932年のこと。すでに社会は主要な産業革命を終えていました。ラッセルは、次のように書いています。

> ひまこそ文明にとってなくてはならぬものであり、昔は、少数のもののひまは、ただ多くのものの労働によって出来上がっていた。だが彼らの労働が価値があるのは、勤労がよいからでなく、ひまがよいものであるからであった。そして近代の技術を以てすれば、文明を傷つけることなしに、ひまを公平に分配することも出来そうなものである。

ラッセルは闇雲に技術革新を批判しているわけではなく、これらが経済発展に寄与したことも認めています。そして、技術革新によって経済が成熟してきたのだから、本来の問いである人間的な幸福について考え始めるべきときが来たと考えていたのです。

しかしながら、生産の効率化が生み出した余暇という産物を私たちは受け入れず、さらに労働へと突き進み、それが原因で死者まで出てしまっている当時の状況を、ラッセルは嘆いていました。

労働がここまで是とされる背景は、何だったのでしょうか。

ラッセルは、「勤労の道徳は、奴隷の道徳である」という冷厳な指摘を残しています。古代ギリシャの時代から、有閑階級は働くことなく奴隷に重労働を押しつけていました。自由を独占したい権力者たちは、「労働が素晴らしいものである」と洗脳させれば奴隷が自発的に働くようになると考え、彼らに「自発的従属*」を仕向けたのです。

ラッセルはそこから思考の転換を促し、余暇を怠惰なものだと断罪するのではなく、個人が自由に思索し創造する機会にするべきだと考えました。「私たちはもう労働を賛美しなくても良い

※　自発的従属：哲学者エティエンヌ・ド・ラ・ボエシが『自発的隷従論』（ちくま学芸文庫）で提唱した概念。[19] 人間の褒章である「自由」を放棄してまで、自ら手かせ足かせをはめようとする性質のこと。

時代に生きているのだ」と。

「内なるアダム」の調教を続ける私たち

時を同じくして、近代マクロ経済学の父である経済学者ジョン・メイナード・ケインズは1930年に行った講演「私の孫たちの経済的可能性」において、経済成長がこのまま続けば労働時間は大幅に削減され、余暇の時間が増えると語りました。さらに、人類の経済問題は解決され、勤勉を美徳とする考えも大きく変わっていくだろうとも語っています。

特筆すべきはラッセルもケインズも、第一次大戦後の大恐慌の時代にこれらの思想に至ったことでしょう(ちなみに二人はケンブリッジ大学に在籍しており、友人同士でした)。当時の経済は壊滅的な状態にあったにも関わらず、長期的に見れば経済は発展を続けており、確実に私たちは「余暇社会」に向かっていると——。そのうえで、ケインズは己を単なる利益追求の道具として使う者ではなく、本当に善く生きる術を知っている者たちこそが「人生を楽しめるだろう」と示唆しているのです。

一方で、ケインズはこうも指摘しています。

でも余暇と豊かさ（下線部著者訳）の時代をゾッとせずに待望できる国や人々は、たぶん一つもないと思う。というのも私たちはあまりに長きにわたり、頑張るべきで楽しむべきではないと訓練されてきてしまったからだ。特別な才能もない一般人にとって、没頭できるものを見つけるというのはおっかない問題となる。

——「孫たちの経済的可能性[20]」

ラッセルとケインズの指摘は、そのまま私たちが生きる現代社会にも恐ろしいほど当てはまります。そして、ケインズは労働から解放される社会の到来を期待しながらも、暇の時間をどう扱うかは非常に難しいことをはっきり認めているのです。

今後長きにわたり、私たちの内なる古きアダムはあまりに強いため、みんな満足するためには何かしら働かねばならない。〈中略〉つまらない作業や決まり切った仕事があるだけでもありがたく思うだろう。〈中略〉一日3時間労働や週15時間労働にすれば、この問題をかなり長いこと先送りできる。というのも、一日3時間も働けばほとんどの人の内なるアダムは満足するからだ！

——「孫たちの経済的可能性」

ケインズが指し示す「内なるアダム」とは、「労働に駆り立てられる心」を指していると考えられます。つまり、働くことで自分の存在意義を見出さんとする私たちの性質は根強く、どれだけ経済的な活動が不要となった社会においても私たちは仕事をすることで生きる意義を見出すだろうと、ケインズは言っています。

余暇社会に向けた「準備体操」を

巷《ちまた》でケインズのこの論考が取り上げられる際、「こんなに前から私たちが労働から解放されることは予見されていたのに、全然そうではない。これはケインズの誤算だったのではないか」といった指摘も見られますが、彼は余暇社会の到来を見越したうえで私たちに準備を訴えていたのでしょう。事実、ケインズはこのように続けています。

> 一方、自分たちの運命に対し、少しばかり準備をしておいても罰は当たるまい。つまり目的ある活動だけでなく、人生を豊かにする知識や技術を育み（下線部著者訳）、いろいろ試してみるということだ。
>
> ――「孫たちの経済的可能性」

つまり、余暇社会が訪れたとて、自動的に私たちは有意義な仕事とそれ以外の余暇での幸福的な活動に興ずることができると確約されているわけではありません。あくまで、そんな時代が訪れた際に、自由な時間を有用に使えるように今から試行錯誤しておくべきだと私たちは告げられていたのです。言うなれば、ケインズが促していたのは「余暇のための準備体操」ではないでしょうか。

そもそも学校（School）の語源は、古代ギリシャ語の「σχολή《スコレー》」で「暇」という意味です。遡ると、有閑階級など余暇を持てる階級の人々が哲学や芸術などの知識を学び、暇な時間を有用に使うための訓練所が学校でした。

しかし、暇の使い方を学ぶべき学校で余暇を有益に使い、人生を有意義に生きる術を学ぶどころか、決められたゴール（成績）に到達するための画一的な行動規範を叩き込まれます。チャイムと共に授業が始まり、時間内に決められた課題をこなす。成績や内申点のために勉強や部活を頑張る。内なるアダムがさらに従順に動くように、いや、もはや思考停止するように調教されているのです。

もちろん、社会で人と生きていくうえでも、余暇を楽しむうえでも必要最低限の知識や常識を学ぶことは重要です。しかしながら、日本の義務教育が「楽しむための学び」よりも「評価されるための学び」に傾いている印象は拭えません。

何より、定められたゴールに向けて一心不乱に頑張るように訓練された子どもたちが大きくなって社会に出たとき、彼らはゴールの設定を他者に委ねるようになります。そのゴールがたとえ自分や他者の幸せに繋がらないことであったとしても、自分の興味・関心や衝動に沿ってゴールを定めることを知らなければ、ただ与えられたゴールに到達するために頑張ることが絶対善であり、幸福に繋がるのだと勘違いしてしまう。しかし、学校で本来学ぶべきなのは、自分にも周囲にも幸福をもたらすであろうゴールを設定（仮定）し、到達までのプロセスを描き出せること、そしてその実行に必要な最低限のリテラシーです。

ケインズが指摘する「頑張るべきで楽しむべきではないと感じさせる訓練」が、本来は人生を有意義に生きるための余暇の作法を学ぶ学校で行われているとは、なんとも皮肉なことだと思いませんか？

仮にＡＩのように私たちを労働から解放する存在が現れたとして、私たちは何を糧《かて》に生きていくのか――。実は、自由を謳歌するほうが難しいのです。それに現代では、憂さ晴らしのための娯楽が詰まったスマホがご丁寧に与えられています。満員電車の中、スマホゲームや刺激的なニュースで不快な時間をやり過ごしている人たちを見ると、スマホは大人に与えられたおしゃぶりのように思えます。ヨガを教える僕の友人は、「本質的なことを考えたくないからこそ、皆忙しくしている」と言っていました。本当にその通りだと思います。

余暇や自由について考える機会が減れば、思考停止をしたままの労働と受動的な娯楽を選ぶ人たちはさらに増えてしまうでしょう。

ラッセルやケインズが促した「余暇について考えること」は、現代に至るまでずっと後回しにされています。ですが、今こそ余暇社会の到来を待ち侘びることができるよう、自由な世界で躍動するための準備体操を始めるべきなのです。

暇の脆弱性とその功罪

暇な時期とは宙ぶらりんな状態であり、いろいろなことを吸収できる良さもあります。しかし、その分いろいろなことに影響される一種の脆弱性を孕んでいることを忘れてはなりません。

Apple社共同設立者のスティーブ・ジョブズは大学を中退後、キャンパスに留まりながら好きな授業があれば潜り込んで受講するという生活を18ヵ月間続けたといいます。THE BODY SHOP創業者のアニータ・ロディックも世界を旅する期間があり、いずれもビジネスを始めるにあたって貴重な洞察の機会をもたらしました。Microsoft創業者のビル・ゲイツも、CEO在職期間中に年に二度のThink week《読書週間》を設け、山荘に籠《こも》って読書に集中するルーティンを続けていました[21]。

こうした著名な経営者の例ではなくとも、人生の転換が起こる際にはふとした空白があるのではないでしょうか。

たとえば、体調を崩してしばらく仕事から離れたり、退職後に次の仕事が見つかるまで自由な期間があったりと。要は、自分の人生について「忙しいときには考えもしなかったことを考える時間」が少なからずあったのではないかと言いたいのです。これらは意図せず生まれた暇であり、人生の好転換を促すことも多々あります。

「孤独」にはネガティブな響きがありますが、こうして考えると「孤独な時間」が自己実現や自己充足の機会にもなるわけです。良質な孤独を作り出すのも、戦略的〝暇〟の意義だと考えています。

しかし、良質な暇の対極には「悪質な暇」が存在します。悪質な暇とは余暇の時間が単なる「憂さ晴らし」になっており、仕事やライフワークなど自分が力を発揮したい箇所へとエネルギーが転換されない状態です。そして、悪質な暇は往々にして退屈感や孤立感、疎外感などの感情に結びつきます。

こうした悪質な暇は、次の五つの要因によって引き起こされると考えられます（表2）。多くの場合、単一の理由ではなくこれらの問題が複合的に絡み合うことで悪質な暇は生まれます。必ずしも個人だけの責任ではなく、社会構造的な問題が悪質な暇を引き起こすケースも往々にしてあります。

さらに、私たちは単に稼ぐためだけではなく、社会において役割を持っていたいという目的からも仕事をしているのではないでしょうか。マズローの欲求にもあるように、何らかのコミュニティに帰属していたいと願うのは人の根本的な欲求ですが、暇な時間には帰属や役割の感覚を失

表2. 悪質な暇を引き起こす原因

1 ストレス	職場や家庭での長時間労働やデジタル機器を介した断続的な情報処理による脳疲労など、日常生活で蓄積するストレス度が高いと、リラックスするための活動が単なるエスケープになってしまう。
2 情報不足	余暇の過ごし方についてのリテラシーが、不足している。あるいは、余暇の過ごし方を考える時間やエネルギーがそもそもない。
3 経済的制約	そもそも充実した余暇(旅行や習い事など)をする、させてあげる余裕がない。そのため、スマホやゲームなど安価な娯楽に終始してしまう。幼少期においては、「体験格差*」が深刻な社会問題になっている。
4 社会的孤立	友人や家族との繋がりが少なく、社会的なサポートが不足している環境で、人との交流体験が希薄になってしまっている。
5 公共財の不足	住んでいる地域の公共施設が不足している場合、自由時間を有意義に使う機会が失われる。自然を感じられる場所やレクリエーション施設が近くにないと、アクティブな余暇を楽しむことが難しくなる。

＊体験格差:たとえば、休日に友人と遊んだり、家族と買い物や旅行したり、塾に通ったりするなど、子どもが学校の外で得られる体験機会の格差のこと。

うことがあります。[22]
しかしながら、暇の良し悪しが弁別できない人や社会的に孤立している人が、余暇や自由な時間を持て余してしまう場合、彼らにとって暇な時間は耐え難いもの――。その結果、精神的な支えを求めるあまり短絡的かつ他者に危害を加える活動にのめり込む人たちが多くいたことは、歴史的に見ても明らかです。いわば、悪質な暇への転落です。
悪質な暇の最たる例として挙げられるのが、オウム真理教*1といったカルトなどの過激思想に浸ってしまうこと。自分の人生に意味や目的を見出せないと感じる人々は、何らかの信念体系やカリスマ的な指導者に依存する傾向が強くなり、カルト集団*2に引き寄せられることがあります。カルトは、こうした空虚な時間を埋める手段として、強力なコミュニティの一員としての役割や目的を提供します。
悪質な暇に関しては、社会構造的な要因も強く関与するため、社会の中で受け皿を作り、孤立を避けるための行動が求められます。しかし、良質な暇の過ごし方を心得ていれば（そして、それをサポートする社会であれば）、①ストレスや②情報不足の問題を認知することで、個人レベルで余暇の使い方を少しずつ変えていくこともできるはずです。さらに、自らのアイデンティティを深く考え、自分の役割が自身や社会に与える衝撃についても想像を巡らし、良い判断（少なくとも無害な判断）ができるようになります。

人生の中で「良質な暇」と「悪質な暇」を行き来するのは、誰にでも起こることです。そのときは悪質な暇だと思っていても、あとになってみればそのときに経験したことや思ったことが役立った……なんてことはいくらでもあるはずです。ですが、人生の方向感覚を摑むうえで、「今、自分が良質な暇と悪質な暇のどちら側にいるのか」を意識することが大事なのです。

「自分探し」のための体力はあるか

暇は自立に繋がることもあれば、容易に孤立とも結びつきます。新たな生きる意味や生活の型を模索している時期――いわゆる自分探しの時期は非常に重要です。自分探しそのものを否定するつもりはありませんが、自分探しの旅をするのであれば相応の体力や知識を蓄えておく必要があるのです。

家庭や学校、職場で、自分以外に定められた要件に沿って輪くぐりを続け、その輪くぐりの「うまい・へた」で人としての優劣を評価されることに慣れきった私たちが、いきなり「自分の直感

＊1 オウム真理教：かつて存在した日本の新興宗教団体。宗教団体として活動する一方、地下鉄サリン事件など凶悪事件を引き起こした。現在、オウム真理教自体は解体している。

＊2 カルト：カルトの原義は「カリスマ的指導者を中心とする小規模で熱狂的な信者の集まり」ですが、ここではカルトを社会的な実害を与える危険な思想を持つ集団として定義します。

や好奇心を頼りに生きる」「自分がワクワクすることをやる」と宣言・実行するのは、はっきり言って無謀です。泳ぎの訓練なしに、海に飛び込むようなものです。

自分が気に入りそうなコンテンツをファーストビューに並べてくれる動画サイト、皆が美味しいと言っているお店をマップに表示してくれる地図アプリ、「ああ生きろ」「こう生きるべきだ」というハックが詰め込まれた自己啓発本など。自由に生きるために、余暇の素晴らしさを享受するためには、もう一度自分でこれまで便利な社会の下すっ飛ばされていた手間暇をあえて取り戻さなくてはなりません。自分は何が好きで、何を良しとするのか、自分の頭で問い直して弁別しなければならないのです。

人生をより良い方向に導くアンテナとなる直感や好奇心も、筋肉と同じように使わなければ鈍ってしまいます。鈍った直感を頼りに、ストレスが取り除けていない状態で「これが自分のしたかったことだ！」「私が好きなことはこれだ！」と安易に飛びつくことほど時間をムダにする行為はありません。世の中には「これが君のしたかったことだ！」「これが君の欲しかったものだ！」と思わせるための手法が溢れており、自由や幸せ〝らしきもの〟も商品棚に並んでいるからです。

ですから、便利な社会に慣れきっている私たちが自由を目指すのであれば、意図的にエスカレーターを使わず、時に階段を、時に獣道を歩みながら、コツコツと直感や好奇心を働かせる機会を設けるほかありません。エスカレーターを降りれば当然時間はかかりますが、自らを振り返る時間が生まれます。エスカレーターの速度で移動していては気づかない発見もあれば、出会いもあるでしょう。

スマートなものにおおよそ共通するのは、そうした感情の機微まで余計なものとしてすっ飛ばしてしまう点です。ＡＩはさらに、このような社会を加速させています。

何も考えずに生きていても、なんとなく世間が示す生きるべき道のようなものがあり、スマホを見ればなんとなく面白いものがあるので時間は潰せます。もし、そんな環境に「どうも満足できないな」と違和感を覚えるのであれば、今のうちに余暇（自由）のための準備体操から始めてみてはいかがでしょうか？


かつての有閑階級は暇の扱い方を学んだ暇のプロですが、それ以外の階級に目を向けると必ずしもそうではありませんでした。現代では、一部の階級が暇になるのではなく、誰しもが暇になる可能性を有しています。そこで自分の暇をどう活かすかを学んでいないと、どこまでも危険な方向に向かいうる。この危険性は、いくら強調しても強調しすぎることはありません。

こうした理由から本書では、向かう方向は対話によって築いていくスタンスを取りつつも、向かわない方向については次項から明確に示していきます。

4 向かわない方向①
自然回帰主義／ヒッピーイズム

映画『Into The Wild』の示唆

社会のしがらみから抜け出して、「あなたのまま」で暮らしていけたらどれだけ素敵なことか。一度でも考えたことがあるのではないでしょうか。しかし、既存の社会システムから抜け出してヒッピー的な生活を送ったとしても、その先もまた行き止まりのように思えます。ロマンはあれどそこに未来はない――命をもってそのことを教えてくれるのが、クリストファー・マッキャンドレスのストーリーです。

映画『イントゥ・ザ・ワイルド』の主人公のモデルにもなった若き米国人の彼は、両親から大学卒業後に社会的な成功を収めることを期待されていました。しかし、彼は物質主義的な社会のあり方に疑問を持ち、すべての貯金を寄付したあとに真の自由を求めて荒野へと旅に出ました。旅の道中でさまざまな人と出会い、心動く体験を重ねていきますが、最後にはアラスカの過酷な自然環境の中で命を落としてしまいます。

このような自然回帰的なチャレンジに魅力があることは認めます。そして、期間限定でそれを行う意義も多々あるでしょう。

しかし、いずれあなたは現代社会に「戻ってくる」ことを前提に戦略的に暇を得ていかなければなりません。

「静かなる退職」とデジタル・ヒッピー

1960年代に米国で勃興したヒッピー・ムーブメントでは、既存の価値観に反対する人たちが都市部を離れ、共同生活を営むコミューンで自給自足の生活を送りました。彼らもまた物質主義からの解放を求め、「自由、愛、平和」を訴え、ベトナム戦争にも公然と反対し、マリファナやLSDなどを使って精神世界の探究を続けました。

しかし、そのヒッピー・ムーブメントもベトナム戦争が終結に向かうにつれ、徐々に集団としての結束力を失っていきます。本来は反体制として始まったヒッピー独自の音楽やファッション、ライフスタイルそのものも、資本主義に取り込まれ商品化されるようになりました。また、コミューンでの制限の多い生活様式に不満が高まったこともあり、ムーブメントとしては縮小していきます。

先のマッキャンドレスのような自然回帰的な思考、そしてヒッピー・ムーブメントに共通するのは、既存の社会システムの外で本当の自分や理想の社会を見つけようとした点にあります。しかし、それでは長続きしません。マッキャンドレスは、旅路の末に命を落としているのですから。ヒッピー・ムーブメントの中で生まれたフォークやロックミュージック、ファッション、オーガニックなライフスタイルが社会に大きな影響を与えたことは間違いありません。

しかし、既存の社会で役を持つ（影響力を持つ）人たちがシステムの中から変革を起こす道を選べば、より彼らの思想は社会一般に浸透したのではないかと、想像せずにはいられないのです。いずれは資本主義のシステムに取り込まれるのであれば、最初からシステムの中からしたたかに革命を進める道もあったのではないかということです。外からではなく、内からRock《ロック》する（揺り動かす）というイメージでしょうか。

スティーブ・ジョブズはヒッピー的なライフスタイルに傾倒した時期もありましたが、彼はヒッピーとしてではなくビジネスパーソンとして社会に多大な変革を起こしました。資本主義の伝播力を活かして、音楽の力で平和や愛のメッセージを届けたジョン・レノンしかりです。

なにも、歴史に名を残すような天才たちでなければできないことではありません。歯車の一つであることを拒み、外から強大なシステムを叩いて壊そうとするよりは、歯車の一部が止まったり、違う挙動を起こしたほうが、相互連鎖で駆動するシステムには大きな影響が生まれます。つまり、歯車の一部であるからこその強さがあるのです。

たとえば、選挙や市民団体での活動を通じて自分たちのメッセージを伝播させることもできれば、バイコット[*1]（またはボイコット）を通じて社会にポジティブな影響を与えようとしている企業を応援する（反対に悪弊を及ぼす企業を退場させる）ことも、各人が社会システムの中にいるからこそ存在力を発揮できます。

Z世代を中心にトレンド化する「静かなる退職[*2]」や、2021年頃に中国で話題となった「寝そべり族[*3]」などの現象を見ると、デジタル時代のヒッピー（言うなればデジタル・ヒッピー）たちによる反抗がすでに起きているとも考えられるかもしれません。

静かなる退職は、最低限の仕事をこなすだけでそれ以上の努力を見せないことによって、職場での不満（マネジメントの問題や報酬や昇進における不公平など）を訴えることが目的です。おだやかなボイコットとも呼べるかもしれません。

＊1　バイコット：買う（BUY）とボイコットを組み合わせた用語。地球環境や社会への影響に配慮された商品を購入することで、サステナブルな社会運動に貢献すること。

＊2　静かなる退職：仕事に対して熱意を失った状態で、最低限の業務だけをこなす状態。[23]

＊3　寝そべり族：中国のネット上で「躺平《タンピン》（寝そべり）族」とも呼ばれ、競争社会や行きすぎた消費社会に抵抗するライフスタイルを示す言葉として話題になった。彼らは最低限の生活をモットーに「家を買わない」「結婚しない」「子どもをつくらない」「消費しない」ことを掲げ、転職先を決めずに仕事を辞める若者もいる。

かつてのヒッピーが「システムの外に出て新しい世界を作ること」を信条に掲げていたのに対し、デジタル・ヒッピーはシステムの中に留まり、その恩恵を受けながら自分なりの自由を実現しようとしている印象を受けます。前者が共同生活を重視し、理想主義的な社会変革を訴えたのに対し、後者は極めて個人主義的であくまで自分の幸福にフォーカスしている、といった図式になるでしょうか。

では、デジタル・ヒッピーが「戦略的〝暇〟」の実践者なのかというと、そうとは言い切れないと考えます。たとえば彼らがある期間で仕事を最小限に収め、最大化した余暇で個人の幸福に繋がることや、キャリアアップのための自己投資に時間を費やしているのだとすればそれは戦略的〝暇〟です。しかし、単に仕事が嫌なのであれば貴重な時間を無碍《むげ》に過ごすよりはやりがいがあり、かつ良い社会変革を促せるようなキャリアを目指すべきですし、そのためのスキル獲得の時間を捻出するなり、外の世界に出て見聞を広めるなり、行動を起こすべきです。

また気になるのは、デジタル・ヒッピーは能動的なアクションを避けるという点です。受動的な選択に終始していて、自分自身を変えたり、組織内で変革を訴えたりするなど能動的な行動はあまり見られません。ただ自分が楽に働ける場所を選ぶなど、低きに流れるリスクもあり、結果として自らの可能性を狭めてしまうことになります。与えられたゴールに向かって走るのはやめたけれど、自分のゴールも見つける気がない状態、とも言えるでしょうか。

静かなる退職を始めとするデジタル・ヒッピー的な戦法がポジティブな動機から来るものか、そして自らのこの先に繋がる行為になっているのかどうかは、自問すべきではないでしょうか。

カルトや暴力運動への参加

DDJには、「最高のONのために、最高のOFFを」というステートメントがあります。人生で最高のパフォーマンスを発揮するには、まずは最高の休みを取り、心身をクリアにして歩むべき方向を決めなければなりません。何よりあなたは何のために目を覚まして、働き、学ぶのか。誰かに決められるでもなく、あなた自身がその目的を明確にする必要もあります。

最高のONとは、あなたが属する組織や国家が定義する成果物とは限りません。自分自身で決断するもの。このポイントは、非常に重要です。

たとえば、第二次世界大戦時の日本において、国家が定義したONとは「お国のために戦うこと、そして果てること」でした。バブル期の日本においては、自然環境や労働環境は後回しに売り上げを伸ばすことが至上命令であり、この任務を果たすことが最高のONとされてきました。

今日《こんにち》を生きる私たちからすれば、これらは一部の既得権益者にとって、極めて短期的なメリットしかもたらさないONだったとしか形容しようがありません。カルトやテロなどの暴力的な活動も、同様です。

ですが、そもそもなぜカルトやテロ、独裁者への加担など、周りから見れば明らかに害悪なものにのめり込んでしまうのでしょうか。この問題を考える一つのキーワードに、「アイデンティティ・フュージョン」があります。

この用語を提唱した社会心理学者のウィリアム・スワンは、人間には「自己と他者の境界が曖昧になる」ときがあり、そのときに役割や意義を与えてくれる集団のアイデンティティを「自己のもの」として受け入れていると説明します。自分そのものが、自分以外の巨大な何かに内包されてしまう状態です。

そして、アイデンティティ・フュージョンに陥ると、驚くほど極端な行動に出る場合もあると指摘されています。英誌「アトランティック」に掲載された記事では、ドナルド・トランプ大統領の思想にフュージョンした人はトランプの単なる支持者よりも極端な行動を厭《いと》わないことがわかったというのです[24]。

このアイデンティティ・フュージョンは、思考が歪んでいるのではなく思考停止の状態とされ、自分のアイデンティティを承認してくれると感じた集団が正しいとすることをそのまま遂行してしまいます。このフュージョンが起きる背景には喪失感があり、社会的な地位や経済力を失うこと、または失うのではないかという脅威が迫ったときに人はフュージョンしやすくなるのです。

私たちは生きる意味を見出すために「アイデンティティ」を強く求めますが、それは良い方向にも悪い方向にも向かいうるのです（この問題については、戦略的〝暇〟のSTEP3「自分デトックス」で詳しく考察しましょう）。

5 向かわない方向②
ウェルビーイング・ウォッシュ

企業の福利厚生プログラムには、「ほとんど効果がない」!?

禁煙サポートやカウンセリング、運動プログラムなど、従業員のウェルビーイングを支援するサービスが増えています。世界中の企業がこれらの外部サービスに費やした金額は2021年では612億ドル（約9兆円）で、2026年までには946億ドル（約14兆円）まで達するとする予測もあります。[25]

しかし、こうした福利厚生の〝ビュッフェ〟の効果を疑問視する研究報告もあります。オックスフォード大学ウェルビーイング研究センターのウィリアム・フレミングは、233社を対象に従業員のために提供されたウェルビーイング・プログラムの効果を調査しました。[26] 結果、従業員の仕事の満足度やウェルビーイングに有意な改善が見られた施策はほとんどないことがわかったのです。職場への帰属意識や人間関係の改善においても、さしたる効果は見られませんでした。

企業がこれだけ大枚をはたいたにも関わらず、そしてマインドフルネス瞑想や禁煙の科学的な意義は認められているにも関わらず、なぜ効果がなかったのでしょうか？

答えはシンプルで、従業員にとっての大きなストレス源が改善されていなかったから。

スタンフォード大学のジェフリー・プフェッファー教授らは、職場でのストレスがどのように疾病や死亡に繋がるのかを分析しました[27]。米誌「フォーチュン」はこの研究を総括して、従業員たちが企業の福利厚生の施策として高く評価したのは、「長時間労働」「雇用への不安」「業務のサポート」などの項目であると報じました[28]。プフェッファーは、米国内で年間約12万人がこれらの悪い職場慣行に起因して死亡している可能性があるとも警告しています。

つまり企業はまず働く仕組みの改善に取り組むべきであって、従業員がウェルビーイングを損ねる悪習を断たずに、付け焼き刃のウェルビーイング・プログラムを導入したところで、それは「ウェルビーイング・ウォッシュ*」にしかならないのです。

＊ ウェルビーイング・ウォッシュ：筆者の造語。もとは「欠点を隠すこと」を意味する「ホワイトウォッシュ」より。今では、企業が環境に良い活動をしていると謳っているにも関わらず実態は伴っていないことを指す「グリーンウォッシュ」などの用語に派生している。米国の決済サービス企業サイトライン・ペイメント社マーケティング部長のフィリップ・ビアは「グリーンウォッシュは悪意によってではなく、過度な熱狂によって起きる」といった指摘をしており、ウェルビーイングについてもサステナビリティ同様、ブーム化していることから熱狂によって本質が見損なわれるリスクについては指摘したい[29]。

従業員が職場に求めるものは、何か。米調査会社ギャラップとベントレー大学が2023年に実施した調査によれば、次の三つだそうです。[30]

・時間外労働の制限
・週休3日制の導入
・メンタルヘルス休暇の導入

日本でも健康経営への取り組みが始まって久しいですが、この健康経営を国家レベルで推進する理由は従業員の健康が企業の生産性向上に直結するためです。従業員が健康であれば、仕事の生産性も上がり、プレゼンティーズム*1やアブセンティーズム*2の問題が解消され、企業全体の売り上げに寄与すると考えられています。

健康経営の主軸には「働き方改革」が掲げられており、ここには長時間労働の制限や多様な働き方の包容など、上記で挙げた従業員のウェルビーイングに直結する要素も含まれています。

しかしながら、「戦略的〝暇〟」は組織の成長に寄与するためのものではなく、個々が自らの人生を充実させるために企てるものです（あくまで副次的な作用として組織や社会に好影響を与えることはあります）。むしろ、社会悪（環境破壊、不正問題など）を生み出しているような企業が、目眩《めくらま》しのような形でウェルビーイング施策を講じていることには、嫌悪感さえ覚えます。

従業員や社会に対して悪弊を及ぼす企業に勤めている、あるいはそのようなプロジェクトに加担している自覚があるのであれば、早めに是正に取り組むか、それが難しければ退避して、システム内で良いことをしている勢に加担することをおすすめします。

良質な暇を奪うのは誰か

さて、本章は私たちがデジタル社会にどうやって浸されていったのか、つまり「私たちはどこから来たのか」を振り返るパートでもありました。余暇という、近代以来の人類が抱えてきたテーマを今こそ考えるべきだということをメッセージとして掲げたうえで、現代がいまだに労働や余暇で搾取される構造になってしまっていることを指摘しました。

しかしながら、現代の多くの社会が基盤とする資本主義は制度疲労を起こしており、このままいけばあくなき成長を求め（させられ）、さらに環境や人は害されていきます。私たちには、既存のシステムを変更していく必要があるのです。

＊1 プレゼンティーズム：健康上の問題を抱えながらも会社へ出勤し、パフォーマンスが損なわれている状態。
＊2 アブセンティーズム：体調不良や病気によって遅刻や早退、休職している状態。

変革には思考や対話、そして行動のためのエネルギーが必要ですが、余暇を享楽的に過ごさせるSNSを始めとするデジタル上のコンテンツたちにそのエネルギーを吸い取られている側面があります。

こうしたスマホから届けられるサービスの数々は、人々の注意力や時間を投下させる「時間どろぼう」であり、一部の企業を潤す一方で、人々の脳内に疲労を蓄積させ、セルフイメージを悪化させ、社会的な分断まで招いています。

その状態から脱し、自分たちを回復させるには、そして回復した私たちがより良い社会のために動いていくためには「戦略的〝暇〟」が必要であると説きました。そして、これから戦略的〝暇〟を行使していく私たちが向かうべきではない方向についても明示してきました。

次に考えるべきは、私たちが居住するシステム――つまり、デジタル社会がいかに駆動しているのか。そして、それによって私たちが心身にどのようなダメージを受けているのかを冷静に見つめることです。それでは、次章へ進みましょう。

第2章

デジタル社会は私たちをどう変えたのか

私は、人間がテクノロジーに順応できるようになるとは考えていません。

――アンデシュ・ハンセン[1]（『スマホ脳』の著者）

本章では主に、現代のデジタル社会が私たちの心身にどのような影響を与えているのかについて解説していきます。

ただ冒頭で申し上げておきたいのは、「デジタル技術はやっぱり悪だから一切使わないほうがいい」と伝えたいわけではなく、私たちが今どのような状態にあるのか手がかりを探るために論じているということです。

デジタル技術がもたらしてくれた恩恵は計り知れませんし、一般的な生活を送るうえでデジタル技術と私たちを切り離すことはもはやできません。私たちとデジタル技術は「使う・使われる」といった主従関係ですらなく、私たち人間はデジタル技術と共にあり、すでに一体だと考えるのが自然でしょう。デジタル技術のメリットだけではなく、デメリットも知っておくことで、より良い付き合い方を考えられるはずです。


これから戦略的に良質な暇を手にしていくうえで、デジタル技術——特に私たちのすぐそばにあるスマホとどう付き合っていくべきなのか、を考えていきます。

スマホは、諸刃の剣です。自分の世界を広げてくれることもあれば、ただ時間とエネルギーを奪い取ってしまう側面もあります。このデジタル時代に特有の悪質な暇への転落を避けつつ、デジタル技術といかに良好な関係を築いていくのか考えてみましょう。

1 ほぼデジタルライフに生きる私たち

1年のうち、3ヵ月間は「スクリーンの前」

スマホやPCの利用時間を計測するアプリ「レスキュー・タイム」が同アプリのユーザー1万1000人を対象に行った平日のスマホ利用の調査によると、1日の平均利用時間は3時間15分でした。そして、上位20％のユーザーの利用時間は、1日あたり4時間30分とも報告されています[2]。

この数字を見て考えなければいけないことが、二つあります。

一つは、調査対象のユーザーは、スクリーンタイムを計測するアプリを自主的にインストールしていた点です。彼らは、かなりデジタル機器の利用に対して意識的だと考えられます。スクリーンタイムを特に気にしてない一般的なユーザーであれば、平均時間がより延びる可能性もあります。実際、コロナ禍を経て、各国でスクリーンタイムは増えています（インドでは子どもたちのデジタル機器の利用時間が100％増えたという報道もあります）[3]。

もう一つは、あくまで「スマホの利用時間」であるということです。ほとんどの人たちが仕事でPCを使う時代、PCの利用時間を無視するわけにはいきません。

そこで、アキュビュー(J&J社)が2000人の事務職員を対象に実施した調査を見ると、対象者の仕事中のPCの利用時間はなんと年間1700時間。[4] 1日(平日のみ)に換算すると、約6時間30分です。調査に参加した方の37%は、「モニターの見すぎで頭痛に悩んでいる」と回答しました。

これらの数値を併せて考えると、一般的なスマホユーザーかつ仕事でPCを利用する方であれば、デジタル機器に触れている時間は、試算にして9時間45分よりも長く(平日の1日だけで)、起きているうちの半分以上は「モニターの前に居る」と考えられるのです。

この数字をもとに、1ヵ月と1年のスクリーンタイムを算出すると……

1ヵ月でおよそ195時間(約8日間)

1年で約2340時間(約97・5日間! つまり、約3ヵ月!)

あくまで、これは少なく見積もった数値であることにご留意ください。スマホの利用時間が比較的多い10~20代では、この時間はさらに跳ね上がると考えられます。

「長さ」より「ながら」が問題

前記のデータを見ると、躍起になって「なんとかスクリーンタイムを減らさねば！」と考えたくもなります。もちろん、現代人はおしなべてデジタル機器を使いすぎだと多くのメディアが指摘していますし、実際その通りだと思います。僕が講演する中でも、「利用を何時間までに抑えるべきか」という質問が多いです。

しかし、利用時間よりも問題なことがあります。それは、デジタル機器を断続的に使うことで生活そのものがぶつ切りになり、「ながら」状態になってしまう点です。

アメリカの企業が行った調査によれば、スマホユーザーは寝ている時間を除き、平均5分おきにスマホをチェックしています。[5]

テレビを見ながらスマホを触ったり、スマホ内で複数のアプリを行き来したり……。デジタル機器には、このようなマルチタスク（複数の作業を並行して進めること）をしてしまいがちな側面があり、ついつい複数のことを同時進行してしまいます。

ただ、「自分は複数のことに同時に対応している」と思っていても、そうではない可能性が高いのです。実際は複数のタスクに集中力が分散されてしまい、脳はその都度、各々のタスクに合わせて対応しなければなりません。その結果、脳が過労状態になってしまい、本来のパフォーマンスを発揮できなくなってしまいます。

自転車で走る際、止まった状態からペダルを漕ぎ出すときが最も力を使いますよね。脳も同様に、異なる作業の「停止・発進」が続くことで、疲労度が激増するのです。

カリフォルニア大学アーバイン校のグロリア・マーク教授は、「多くのデジタル機器が作業中断の原因になっており、注意があちこちに飛散している」と指摘しています。[6]

さらにマークは、良い中断と悪い中断があると語っています。たとえば、割り込んできたタスクが現在自分のしている作業内容と一致する場合や、今は解決できない問題をいったん寝かせておく場合（あとで答えが浮かぶかもしれない）、そして書類にサインをするといった極めて簡単な作業の場合は、むしろ作業の切り替えが有益であると。

しかし、ある仕事に集中しているときにまったく関係ないタスクで中断が起きると逆効果のようです。

思考を完全にシフトしなければならないので、新たなタスクに集中するまでに時間がかかるし、元のタスクに戻っても、何をやっていたか思い出すまでに時間がかかります。

マークの研究によれば、ＩＴ労働者が１つの仕事に集中するのは、なんと11分ほど。いかに仕事が頻繁に中断されているかがわかります。さらに、マークはこうも語っています。

私が研究論文を書くときも、創造的な思考に至るまでに2〜3時間はかかります。もし10分半ごとに作業を切り替えていたら、深く考えることなどできないでしょう。

私たちがスマホをチェックする頻度を考えると、いかに集中力を損ないやすい環境で生きているのかがわかるはずです。デジタル機器にとっては複数のアプリを起動する「マルチタスク」は可能ですが、私たちの脳ができるのはあくまで「スイッチタスク」(タスクを切り替えるだけ)だけ。

私たちの注意力(注意資源)*はスマホのバッテリー同様、無限ではありません。

そして恐ろしいことに、私たちの限られた注意資源の多くは、通知がなくともスマホに向かってしまうのです。

スマホが近くにあるだけで流れ出る注意

私たちの有限な注意資源は、使っていなくてもスマホが近くにあるだけで消耗しています。よくスマホを机の上に置いたまま話している人たちを見かけますが、実はこれも彼らの関係にとっては危うい行為かもしれません。

スマホの影響を調査した研究では、対象となる100組のペアを無作為に振り分け、幅広い話題をテーマに、10分間話し合ってもらいました。[7] 研究の助手たちは10分間の会話を遠くから観察し、参加者が携帯電話やスマホなどのモバイル機器を卓上に置いたり、手に持ったりしたかを記録します。

結果、モバイル機器がない状態で会話したペアは、対話する相手に対して共感や関心を抱く傾向が強かったことが判明しました。

一方、ペア同士が親密な関係であってもモバイル機器が卓上にある場合、「親密ではないペアよりも会話の共感レベルが下がる」傾向にあるとわかりました。まさに「親しき仲にも礼儀あり」で、会話の相手が自分と近しい仲であってもスマホの存在があるだけで、コミュニケーションの

＊　注意資源：人間が何かに意識を向ける際に脳が使うエネルギーのことを指す心理用語。

質が下がってしまうと、この研究では警告されています。

では目に見えない場所にスマホを保管しておけば良いのかというと、そうでもないようです。２０１７年に発表された米国での研究では、５４８人を対象に認知作業のテストを行いました。[8]被験者は次の三つの作業環境のうち、いずれかを指定されてテストを進めます。

1 スマホを別室に置いて作業
2 スマホを机の上に置いて作業
3 スマホをポケットかカバンに入れたまま作業

結果、最も良い成績を収めたのは1のスマホを別室に置いたグループでした。他方で、最も成績が悪かったのは2のスマホを机の上に置いたグループ。ちなみに、スマホをポケットやカバンに入れたままの3のグループの人たちもテストの成績が悪かったのです。これらのことから、スマホが近くにあるだけで認知能力が下がることが示唆されました。

ＯＮの時間、ＯＦＦの時間と共に、スマホの存在があるだけでいかに目の前のことに集中するのが難しくなっているかがわかります。

勉強していてもスマホで成績が悪化する

東北大学の川島隆太教授は、仙台市に住む中学生の家庭での学習時間とスマホ（ＬＩＮＥやカカオトークなどの通信アプリ）の利用時間の比較から、「家庭での学習時間の長さが同じ場合、平日のスマホの利用時間が増えると成績は下がる」というショッキングなデータを発表しました。[9]さらに、スマホの利用時間が長くなると、勉強していても成績は下がってしまうことがわかったのです。

ちなみに、この問題を「スマホを長く使っている分、勉強をする時間が減ったため成績が下がった」と片付けることはできません。たとえ家庭での学習時間が2時間以上でもスマホを2時間以上使うと、家庭で30分しか勉強しないスマホを持っていない子どもよりも成績が下がると示されているのです（95ページの図5）。

スマホの使いすぎによって、学校で習得した内容が頭に残らなかったと示唆するこの報告。川島教授はこのプロジェクトの結果から、「子どものスマホ利用は長くても1日1時間まで」と推奨しています。なぜなら、スマホを毎日1時間以上使っている子どもたちは、成績が下がってしまうからです。[10]そして、たとえスマホを毎日1時間以上使っていても、毎日1時間未満にすることができれば、成績が上昇することも分かったからです。

この研究では、勉強中のアプリの利用数が増えると4科目（国語・社会・算数・理科）の成績が下がるとも報告されています。勉強中にスマホを「ながら」で触っていると注意散漫（マルチタスク状態）になり、勉強に集中できなくなるようです。勉強するときは、いかに勉強だけに集中できる環境を作るかが鍵だと言えそうです。

脳に何が起きているのか？

ネオ・デジタルネイティブと呼ばれる世代の子どもたちの脳には、いったい何が起きているのでしょうか。より大規模な調査にも、目を向けてみましょう。米国で1万人以上の子どもたちの脳の状態を追跡調査する「思春期の脳認知発達調査」では、実際にスマホの使用で脳に変化が起きていることが明らかになっています。[11]

この調査について脳科学者のラリー・ローゼンは、デジタル機器に多く触れている子どもたちの脳の大脳皮質が、そうでない子どもたちに比べて薄化している点に注目しました。[12] 大脳皮質の薄化は、加齢によって起きる正常な変化です。デジタル機器の使用過多と脳の変化についてはその他の環境要因も影響している可能性はあるものの、このような脳の老化現象がすでに若い世代で現れている事実は注視すべきです。

成人においても、GPSの使いすぎのリスクを指摘する声もあります。カナダのマギル大学の

図5. スマホ使用時間と自宅学習時間による成績との関係

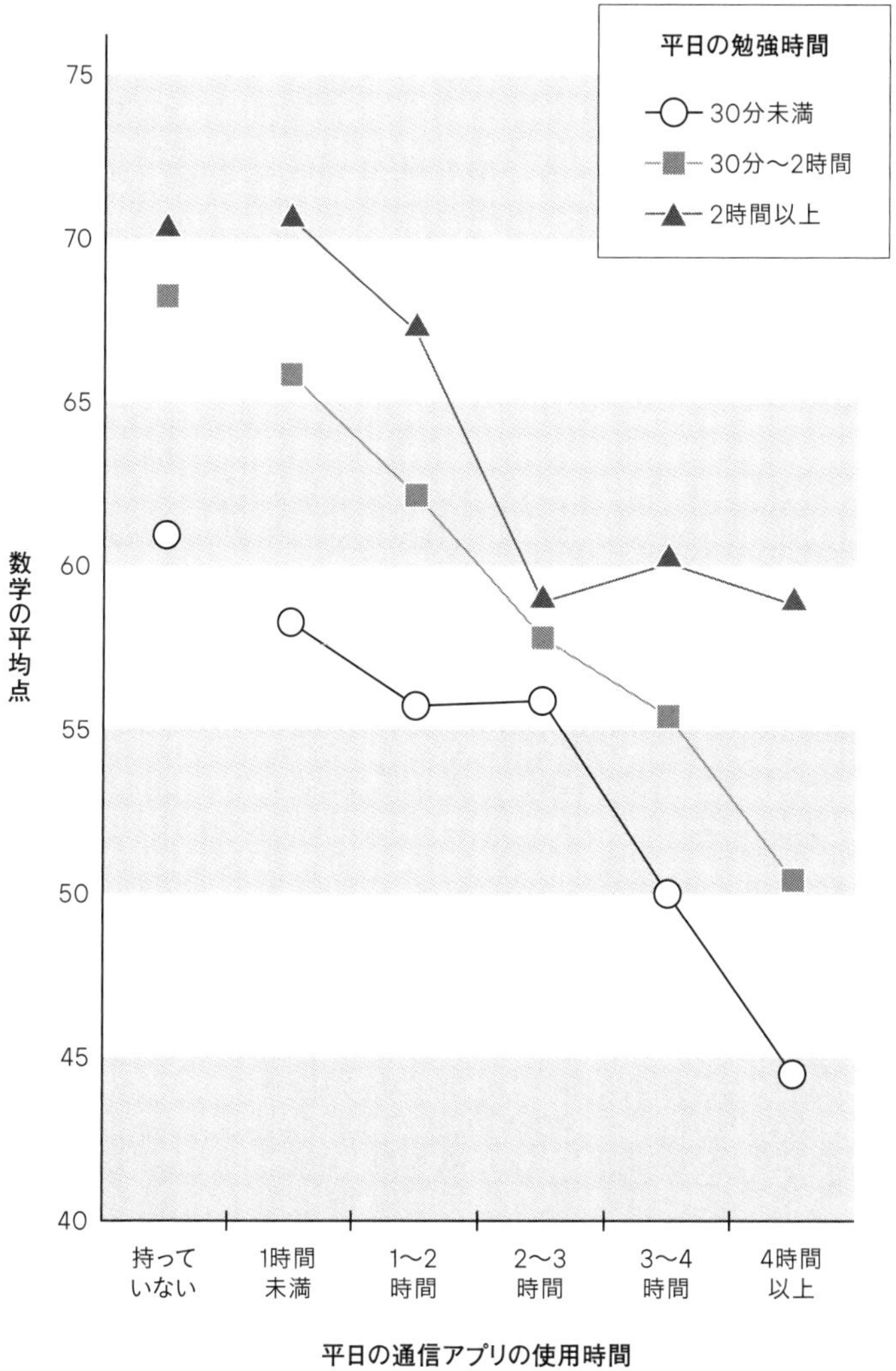

神経生物学者であるオリバー・ハートは、ＧＰＳに頼りすぎると記憶を司る海馬の灰白質の密度が下がる可能性が高まると述べています。[12] 海馬が劣化すると、うつ病やその他の精神疾患のリスクを上昇させると、ハートは付け加えています。「テクノロジーに頼ると人は退化する」とよく言われますが、研究報告を見る限り、脳は認知的タスクを外部のテクノロジーに頼りすぎることで「老化」するというのが正確でしょう。

2 AI時代に欠かせない創造性が奪われる

短期記憶は「創造の材料」

これまでに取り上げた研究が示す通り、スマホが近くにあると一定期間何かに集中するのが難しくなるのは大人も子どもも同じです。しかし、単に集中力が阻害されるだけでなく、長期的な記憶が定着しづらくなる可能性を海外の専門家は指摘しています。

単にこれは、「もの覚えが悪くなる」という問題に留まりません。「脳はスマホやPCという外部記憶装置を手にしたのだから、覚える必要のないものは覚えなくても良いだろう」と一蹴できる話ではないのです。

確かに私たちはスマホを使うようになる以前の時代にも、頭の中の記憶をノートやカメラといった外部記憶装置に移管してきました。専門家のあいだでも、脳の記憶を外部に委ねることの是非については意見が分かれるところです。

遡れば、西洋哲学の基礎を築いた一人である賢者ソクラテスは、文字によって外部記録に残せてしまうと、人々が自ら記憶し思考する訓練を怠ってしまうと指摘していたことが、プラトンの対話篇『パイドロス』（岩波文庫）でも伝えられています。[13]

ここで改めてスマホについて考えてみると、単に外部記憶装置として働くだけではなく、人から注意力を奪い、人を「ながら」状態にさせてしまう存在でもあります。「いまここ」から意識を引き剥《は》がし、上の空になってしまう状態が続くと自分のアイデンティティまでもが変化してしまうかもしれない——そんな指摘もあります。

『スマホ断ち』（角川新書）を著したサイエンス・ライターのキャサリン・プライスは英紙「ガーディアン」の取材に対し、こう答えています。[12]

その瞬間ごとに注目していた物事の記憶が積み重なって、あなたの人生が築かれます。スマホを注視していれば、他のことには注意を払えません。これは一見、当たり前のことに思えるかもしれませんが、実は深い意味があります。なぜなら、人は自分が注意を向けたものだけを記憶できるからです。注意を払っていないということは、思い出せる記憶がなくなることを意味するのです。

プライスは、創造的になるための条件として、脳内に加工する材料（つまり短期記憶）がたくさんなければならないとも述べています。ゼロから何かが突然生まれて、創造的なアイデアが生まれるわけではなく、これまでに蓄積された記憶同士がぶつかり合って、発火することで新奇に見えるアイデアが生まれます。

しかし、注意散漫な状態では短期記憶を長期記憶に移行させるのが難しくなります。スマホによって単に物事が覚えられないだけではなく、創造のための材料が足りない状態に現代人は陥っているのです。

現状、ChatGPTを始め大規模言語モデルのＡＩにできるのは、ネット上で溢れる大量の情報を分析し、その中から平均的で当たり障りのない情報を抽出して生み出すといった作業です。

人間に残されたのは、感じて動く力——文字通り「感動する力」。そして、平均や中央値にとらわれず、外的情報（周囲から取り入れる情報）と内的情報（五感を通した体験から得る自らの気づき）を繋ぎ合わせて、これまでにはなかった異質なものを「創造する力」です。

しかし、その創造の原体験となる事柄に注意を傾けることも、その原体験を覚えておくことも、スマホの「ながら生活」で阻害されているとしたら……。ＡＩがこれから情報の生成を担っていく中で、私たち人類に残された最後の砦《とりで》が崩れていく——そんな気持ちを拭えないのは僕だけでしょうか。

新たなアイデアを生み出すDMNの不足

「よし、今から良いアイデアを思いつくぞ」と意気込んでも、なかなかすぐに良い着想には至らないもの。往々にして、その事柄から離れ、ふとしたときに「あれ、今回のプロジェクトはこう進めれば良いんじゃないか」「悩んでいた見出し、こんなキーワードはどうだろう」といった違った角度からの気づきが生まれます。アーティストは歌詞やメロディーを思いつくとき、よく「降ってくる」という表現をします。『思考の整理学』(ちくま文庫)の中で端的に書かれている通り、「見つめるナベは煮えない」ものの、「熟したテーマは、向うからやってくる」のです。[14]

さて、近年ではこの「アイデアが降ってくる」現象が脳科学的に解明されつつあります。それが、「デフォルト・モード・ネットワーク(DMN)」と呼ばれる脳のネットワークです。

DMNとは安静時に発動する脳機能の一つで、過去のことや未来のことに漠然と思いを巡らせている状態、いわゆる「ぼんやりとしている状態」を指します。DMN発動時には、脳内で記憶機能や自我機能に関する複数の部位が活性化して、相互に連絡を取り合っていると考えられています。[15] DMNは外部からの情報刺激がなく、特定のことに注意を払わなくても良い状況で発動します。いわゆる、OFFの状態です。

対して、脳が特定のタスクや情報処理に集中する際に発動するのが、セントラル・エグゼクティブ・ネットワーク(CEN)。DMNの逆で、ONの状態です。

DMNは創造性と深い関連があるとして、今も研究が進んでいます。これまでDMNは、「脳のアイドリング」と喩《たと》えられていました。脳が何かに集中して取り組んでいるときとそうではないときとで、エネルギーの消費量は大きく変わらないためです。

しかし、単にDMN下にある脳はアイドリングをして白昼夢に耽《ふけ》っているだけではなく、脳内に溜まった情報を処理していることがわかってきています。一時休館した図書館で、職員たちがせっせと書庫整理をするようなイメージでしょうか。

DMN中にこれまでに蓄えた情報を整理しているうちに、いくつかの情報がぶつかり合ってひらめきが生まれるのかもしれません。シャワー中、歯磨きをしているとき、就寝前など、思索に耽りやすいときに「ひらめいた！」という経験がある人も多いはずです。

『スマホ脳』著者のアンデシュ・ハンセンを取材した際、彼もこのDMNの重要性について言及していました。ハンセンは「人間は常に行動的になれるように進化してきたわけではない」として、現代のように新たな情報が絶え間なく入り込み、タスクを飛び移るようにこなす環境には適応できないとも述べています。「もし、それを無理にしようとすれば、何らかの代償を伴うでしょう」とも語っています。

ひらめきのためだけではなく、脳内に蓄積した情報を整理するためにも、「何もせずぼんやりする時間」は現代人にとっては必須だと言えるでしょう。

ただ一点、ＤＭＮの過活動にも注意が必要です。ＤＭＮとうつや不安症には、関連があることもわかっているからです。ＤＭＮ中に過去のことを考えすぎたり、未来への不安を募らせたりする反芻思考に陥ると、かえってメンタルヘルスに悪影響を及ぼします。

これは発達しすぎた私たちの脳のバグにも思えますが、反芻思考に陥らないためには日常生活にマインドフルネスの時間（「いまここ」に集中する時間）が求められます。ＤＭＮをバランス良く発動させる方法については、戦略的〝暇〟の実践編でご紹介しましょう（２８９ページ参照）。

3 身体への影響

現代人、息をせよ！ 「スクリーン無呼吸」にご注意

私たちは、生命活動を維持するために絶え間なく呼吸し続けています。しかし、デジタル時代においては、その呼吸すらもなおざりになっているようです。米紙「ニューヨーク・タイムズ」が2023年に掲載した記事で「スクリーン無呼吸」が紹介され、話題を呼びました。[16]

Microsoft社の幹部を務めたリンダ・ストーンは、毎朝呼吸法のトレーニングをしていましたが、いざPCを前に仕事を始めると呼吸が浅くなったり、止まっていることに気づきました。そこで、家族や友人200人に対してメールチェック中の呼吸と心拍数を計測するという非公式の調査を行うことに。すると、参加者の8割の呼吸が同様に浅くなったり止まっていたのです。

スクリーン無呼吸は、なぜ起きてしまうのでしょうか。

同記事に登場するノースカロライナ大学の精神医スティーブン・ポージスは、人が何らかの刺

激に直面すると、それが脅威であるかどうか身構えるために呼吸のリズムが変わると解説しています。ポージスは、猫が獲物をつけ狙う際の呼吸を浅くして身を固める動作を例に出し、こうした反応がたまに起こる分には問題ないが慢性的に神経系が脅威を感じるような状態が続くと、仕事の疲労度が高まると懸念しています。

そもそも、ストレスとは生物が自らを守るために備わった機能です。大昔のこと、獲物を捕えようとするとき、あるいは外敵の脅威から逃れるときなど、強いストレスがかかる状態（いわゆる「闘争・逃走反応*」）は長続きすることはありませんでした。

しかし、現代人は慢性的にストレスを感じやすい状態で生きています。スマホに関して言えば、不快とは思っていなくても新たな情報がランダムに届く状態は脳にとって大きな負荷がかかっていると考えたほうが良いでしょう。

カリフォルニア大学アーバイン校の研究によれば、仕事のメールを定期的にチェックする人は、メールを遮断して働く人よりもストレス度が高く、集中力が低い傾向にあるとわかっています。[17]メールチェック中の被験者は心拍数が高く、警戒状態に留まっていた一方で、5日間メールでのやり取りを休止する「メール休暇」を取った人たちの心拍数は比較的平常で、自然な変化が見られたそうです。

メールを頻繁に確認する人は1時間に平均37回画面を切り替えていた一方、そうでない人は頻繁に確認する人の半分程度の回数しか画面を切り替えていませんでした。つまり、メールを頻繁に確認しない人はマルチタスクに陥ることなく、比較的作業に集中できていたことがわかります。

5日間のメール休暇を終えて仕事に戻ってきた参加者たちの多くは、こう語ったそうです。[18]

「ほとんどのメールは重要ではないと気づきました」

未知との遭遇――その衝撃

私たち人間が生まれながらに持つデバイスは、身体です。iPhoneは年々その形を変え、アップデートされますが、私たちの身体の基本構造は何万年も前から変わっていません。iPhoneが登場したのは2007年、私たちの身体にとってスマホはまさに未知との遭遇。ゆえにスマホの過度な利用が原因となって生まれる新たな症状が近年、注目されるようになってきました。

代表的な症状は、107ページの表3の通りです。

＊ 闘争・逃走反応：1929年に生理学者ウォルター・キャノンが提唱した防衛反応の一種。危険やストレスを感じたときに交感神経が活性化し、興奮状態に陥ることを指す。

よく「ホワイトカラーは頭脳労働」と言われますが、一日中同じ姿勢でモニターと睨めっこするホワイトカラーも肉体を酷使しています。副流煙まみれのオフィスを筆頭に、昔の労働環境は今から見返すとありえないことだらけでしたが、未来の人たちが今の私たちの労働環境を振り返ったとき、きっと「1日中PCやスマホを睨み続けるなんて身体がおかしくなるに決まっている！」と言うのではないでしょうか。

なぜ、脳は身体の異変に気づかないのか

さて、私たちは無理な姿勢や活動が続きすぎて身体が壊れてしまうことを防ぐために、本来、不快感や痛みを身体に覚えさせ、その活動を止めて休息に仕向けるシステムが備わっています。しかしなぜ、症状が現れるまで、私たちはデジタル機器によって身体が酷使されていることに気がつかないのでしょうか？

答えは、デジタル機器を眺めているとき、多くの場合で脳が一種の極限状態にあるからです。「腰掛けながらスマホやPCを見ているだけで極限状態……？」と思われるかもしれませんが、先に紹介したメールチェックの頻度とストレス度を比較した研究を思い出してください。メールチェックを始め、デジタル上で飛び交う多くの新しい情報に私たちは強く興奮します。これは脳

表3.スマホの過度の利用による代表的な症例

ストレートネック	長時間うつむいたままの姿勢を続けることで、首の骨がまっすぐになってしまう状態。首や肩のこり、頭痛の原因にも。
スマホ腱鞘炎《けんしょうえん》	スマホのタッチ操作や反復的な指の動きによって、手や指に負担がかかって起こる腱鞘炎。
スマホ巻き肩	スマホの使用で無意識に猫背の姿勢が続き、肩が前に巻き込まれ他状態。肩こりや偏頭痛を引き起こすことも。
ドケルバン病	親指の使いすぎによる腱鞘炎。特に親指を使う操作が多いスマホの利用者に多い。
スマホ顔	長時間下を向いたままの姿勢が続くことで、顔のラインが乱れたり、たるみが生じる。
スマホ老眼・斜視	スマホやPCの画面を長時間見続けることで、眼精疲労や視力の低下、老眼や斜視の進行が加速する恐れがある。
手根管《しゅこんかん》症候群	スマホやPCのキーボード操作を長時間続けることで、手首の中にある手根管を通る神経が圧迫され、指先にしびれや痛みが生じる。
デジタル目まい	長時間スクリーンを見続けたり、バーチャルリアリティ(VR)コンテンツを利用すると、視覚と体の動きの不一致から目まいや吐き気、バランス感覚の乱れが生じる。

の仕組みであり、抗えないものです。

脳が見慣れていないものに反応するという特性は、認知心理学のオッドボール課題という実験で明らかになっています。[19] オッドボール課題では、被験者に2種類以上の刺激（音や画像などの情報）を与えたときの脳の反応を、ｆＭＲＩという機械を使って観察します。

このオッドボール課題では、今までに見たことがない画像を見るときほど被験者の脳（黒質《こくしつ》と腹側《ふくそく》被蓋野《ひがいや》）が活性化することがわかりました。黒質と腹側被蓋野は、新しい情報に反応する中枢部位として知られていましたが、この実験では感情を強く刺激する画像を見せたときよりも、純粋に目新しい情報に反応することが改めて確認されたのです。[19] 私たちが新しいことを学ぶのが好きな理由は、純粋な新奇性に脳が反応するため。そして、その新しい情報がランダムにやってくることも興奮度をさらに高めます。

新たな情報が、ランダムにやってくる。この二つの条件はスマホがあるだけでいとも簡単に揃《そろ》ってしまうため、私たちの脳は興奮をやめられない。そして、長時間でも使い続けてしまうのです。

ここに、社会的なプレッシャーが加わるとさらに興奮度は高まり、より疲れが溜まりやすくなってしまいます。Ｚｏｏｍ疲れは、その典型でしょう。ボディランゲージやアイコンタクトなど非言語コミュニケーションでの意思疎通が難しいため、画面上の相手により注意を払う必要がありますし、集団の目に晒されながら自分が何かを発言するのは、普段の生活では稀なことです。

また、自分の顔がカメラに映し出されると、自分の表情や見た目に意識が向かいやすく、集中力を妨げます。実際にコロナ禍では、美容整形外科に相談に訪れる人が急増したといった報道もあります。[20] ビデオ会議で自分の顔を見続けることで、自身の容姿に違和感を覚える人が増えたためと考えられ、海外では「Ｚｏｏｍ異形症」*という言葉まで生まれました。ビデオ会議中はできるだけセルフビューをオフにする、リアルでのミーティングを設けるなどして、ストレスを軽減させるべきでしょう。

運動不足のパンデミック

運動、栄養、睡眠と、健康の根幹をなす行為がデジタル機器によって侵食されています。そして、これこそがデジタル疲れの最も大きな弊害だと言えます。運動不足は世界的に蔓延しており、ＷＨＯ（世界保健機関）主導による調査では世界で18億人が運動不足の状態にあり、生活習慣病

＊ Ｚｏｏｍ異形症：オンライン会議中、画面に映る自分の外見を気にしてしまう症状のこと。

のリスクを上げているると報告されているのです。[21]

続いて、子どもの成育環境分科会（日本学術会議）が公表した提言資料を見てみましょう。[22]外遊びに費やす時間は、1965年頃を境に内遊びより少なくなったと指摘されています。この資料が発表されたのは、2013年。ちょうどiPhone 5sが日本で販売され、すでにスマホの普及率が高まっていたタイミングです。

2016年に小学校高学年を対象に実施された調査によると、1981年には2時間11分だった外遊びが、2001年には1時間47分、2016年には1時間12分と、35年間で約半減しているのです。[23]

さらに、子どもの運動能力に関しては1985年頃から右肩下がりで、それに反比例するかのように、肥満や糖尿病などの生活習慣病のリスクや引きこもりなど精神的な問題を抱える子どもが増えたとされています。[22]

警告は続きます。

この学術会議では、子どもの外遊びの時間を奪った存在としてメディアを挙げています。平日6時間以上メディアに触れている小中学生は4分の1ほどいるとされ、日本の子どもは先進国においても長時間メディアに触れているということがわかります。

運動は心身の健康に関わるだけでなく、仕事の生産性にも直結します。アンデシュ・ハンセンは、運動と脳の関係に関わる専門家としても知られており、運動が「人類史上最大のハック」であると語っています。[24] 運動することで脳への血流量が増えるため、運動中や運動直後には脳機能が活性化するのです。

加えて、運動を習慣化すると海馬が増大することがわかっています。[25] 自制を保つために重要な前頭葉の働きも活性化し、ストレス耐性も上がります。

逆に言えば、スマホを延々と眺めて身体を動かさないと、ますます脳は疲れ、衰え、ストレス下にある脳はますますスクロールの誘惑に耐えられなくなるという悪循環に陥ってしまう可能性もあるのです。

眠れぬ国、ニッポン

世界の先進国と比較しても、日本は「眠れぬ国」のようです。厚生労働省が2024年に発表した「睡眠時間の国際比較」では、日本人の平均的な睡眠時間は7時間41分。[26] 11ヵ国内で最下位です（ちなみに英米、カナダ、フランス、イタリアやフィンランドの人たちの睡眠時間はいずれも8時間20分以上）（113ページの図6）。

さらに、平日に6時間以下しか寝ていない人は、休日に寝だめしても寿命短縮のリスクは有意に高まることもわかっています。[27]

2019年に厚生労働省が発表した「令和元年　国民健康・栄養調査結果」によれば、1日の平均睡眠時間が6時間未満の人の割合は、男性で37・5％、女性で40・6％もいます。[28]

スマホなどのデジタル機器から発せられるブルーライトが睡眠に悪影響を与えるという指摘もありますが、科学誌「スリープ・メディスン・レビュー」に掲載された研究結果では、就寝前にスクリーンの光を浴びても入眠が難しくなることはないと結論づけられています。[29]　それよりは、スマホよりも照度の高い室内のライトを早めに消すほうが効果的です。

ただし、デバイス上で眺める情報によっては睡眠が妨げられてしまいます。仕事のメールや刺激的なニュースなど、自らが闘争・逃走反応に陥りがちな情報は避けるのが賢明です。

図6. 各国における男女の睡眠時間（厚生労働省「睡眠時間の国際比較」の図を参考に作成）

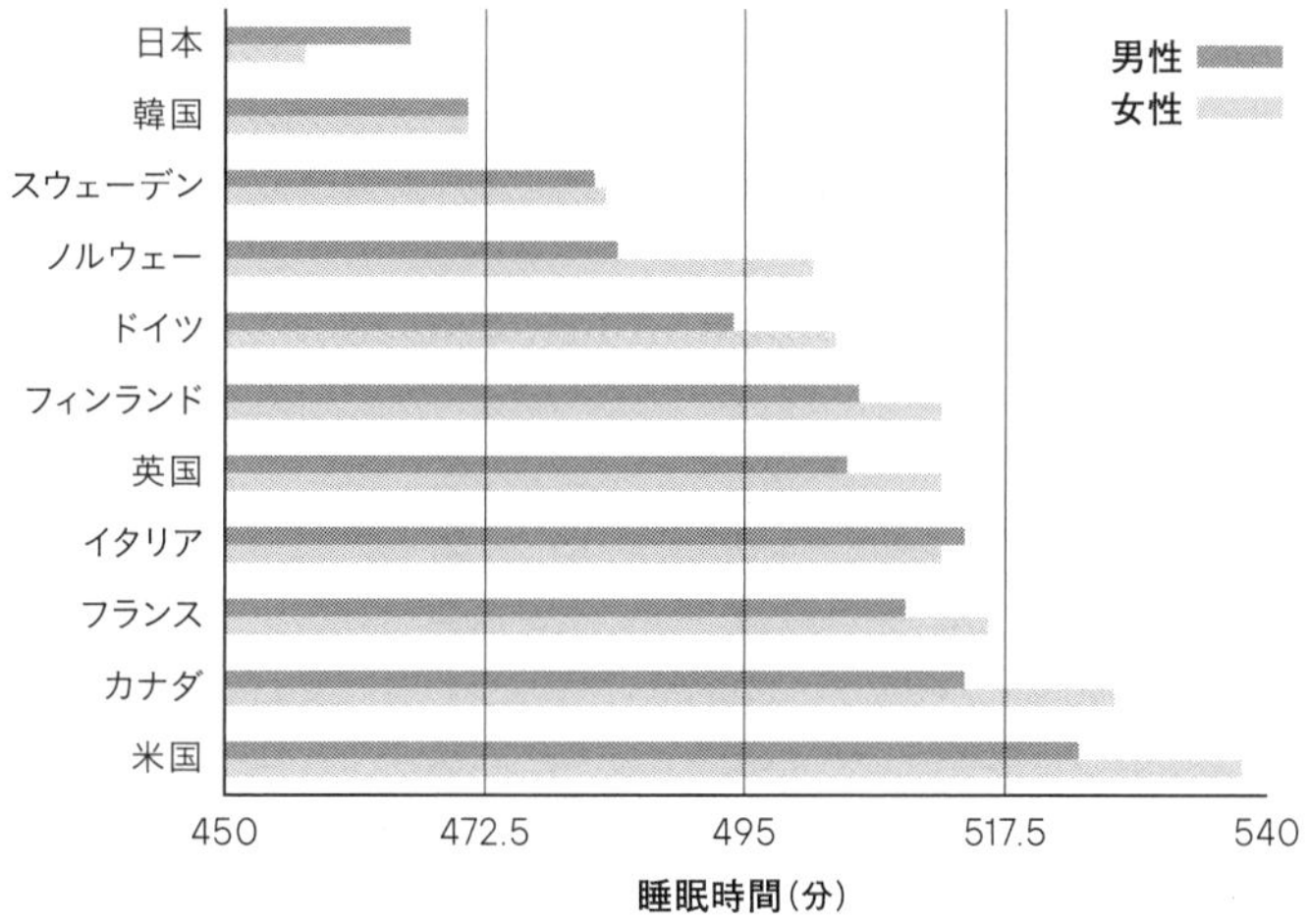

4 心への影響

インスタグラムが明かさなかった「あるデータ」

2021年9月、米紙「ウォール・ストリート・ジャーナル」は、Instagramのある社内調査の結果を報道しました。[30] この調査では、32％の10代女性ユーザーが「自分の身体について快く感じていないときにInstagramを見るとさらに気分が悪くなる」と回答していたことが明らかになっています。

さらに同社の調査では、自殺願望のある10代のうち、英国ユーザーの13％、米国ユーザーの6％が、希死観念を明かすような投稿をしていたのです。

ポジティブな場面を強調した投稿を見ていると、「自分の人生はとても退屈なのではないか」と劣等感に苛まれやすくなります。

また、フォロワーや友人の数が一見して可視化されるため、この数字の大小も自己評価に影響を与えます。

SNSとメンタルヘルスの関連については数多くの研究がありますが、これらの研究を体系的に評価するレビュー論文の発表も増えてきました。[31] これらのレビュー論文を見ると、確かにSNSの長期利用によってうつ病の兆候が現れる危険性があるとする研究や、（特に青年期において）自尊心の低下に関わりがあるとする研究もあります。

2021年、ノルウェーでは広告主やインフルエンサーに「加工した写真を使用する場合はその開示を義務付ける」という法律が成立しました。[32] 投稿コンテンツに唇を大きくする、ウエストを細くするなどの編集を施した場合は政府が公認したラベルを添えなければならないのです。施行の理由について、同国の子ども・平等省は「若い世代は実現不可能な理想の美にさらされている」と提案書で述べています。

日本でも「盛る」という言葉がありますが、SNS上で編集まみれの身体を眺め続けることで外見に対するイメージが歪められ、不要な劣等感を覚えてしまいます。

海外ではすでにSNSが生み出した問題を是正すべく、対策に乗り出しています。日本でもこうした規制が必要ですが、SNSが作り出す歪んだ価値観に溺れないように、まず私たちが自衛を始めるべきではないでしょうか。

アプリの利用時間によって幸福度が変わる

米国の非営利組織センター・フォー・ヒューメイン・テクノロジー（CHT）は、スクリーンタイム計測アプリの「Moment《モーメント》」と共同で、20万人のiPhoneユーザーを対象に調査を行ったところ、アプリの利用時間とユーザーの感情に深い関係があることがわかりました。[33]

たとえば、Facebookを1日22分使っている人は「Happy」と回答したのに対し、1日59分使う人は「Unhappy」だと回答しています。同じアプリで比較すると、「Unhappy」と回答する人は「Happy」なユーザーよりも平均して2・4倍そのアプリを使っていることがわかりました（図7）。

こうしてみると、SNSだけでなくどのアプリにも言えるのは、「It's all about balance《何事もバランス》」ということでしょうか。

自分で行動をコントロールできない

「スマホ依存」「ネット中毒」などの言葉を、メディアでよく見かけるようになりました。しかし、そもそも依存とはどのような状態を指すのでしょうか。

もともとは、物質に対する依存が治療の対象となっていました。しかし、近年になって依存が指し示す範囲は広がり、買い物やギャンブルから、セックスや食べ物を求める行為、運動までを

図7. CHTとアプリ「Moment」による調査報告を元に作成

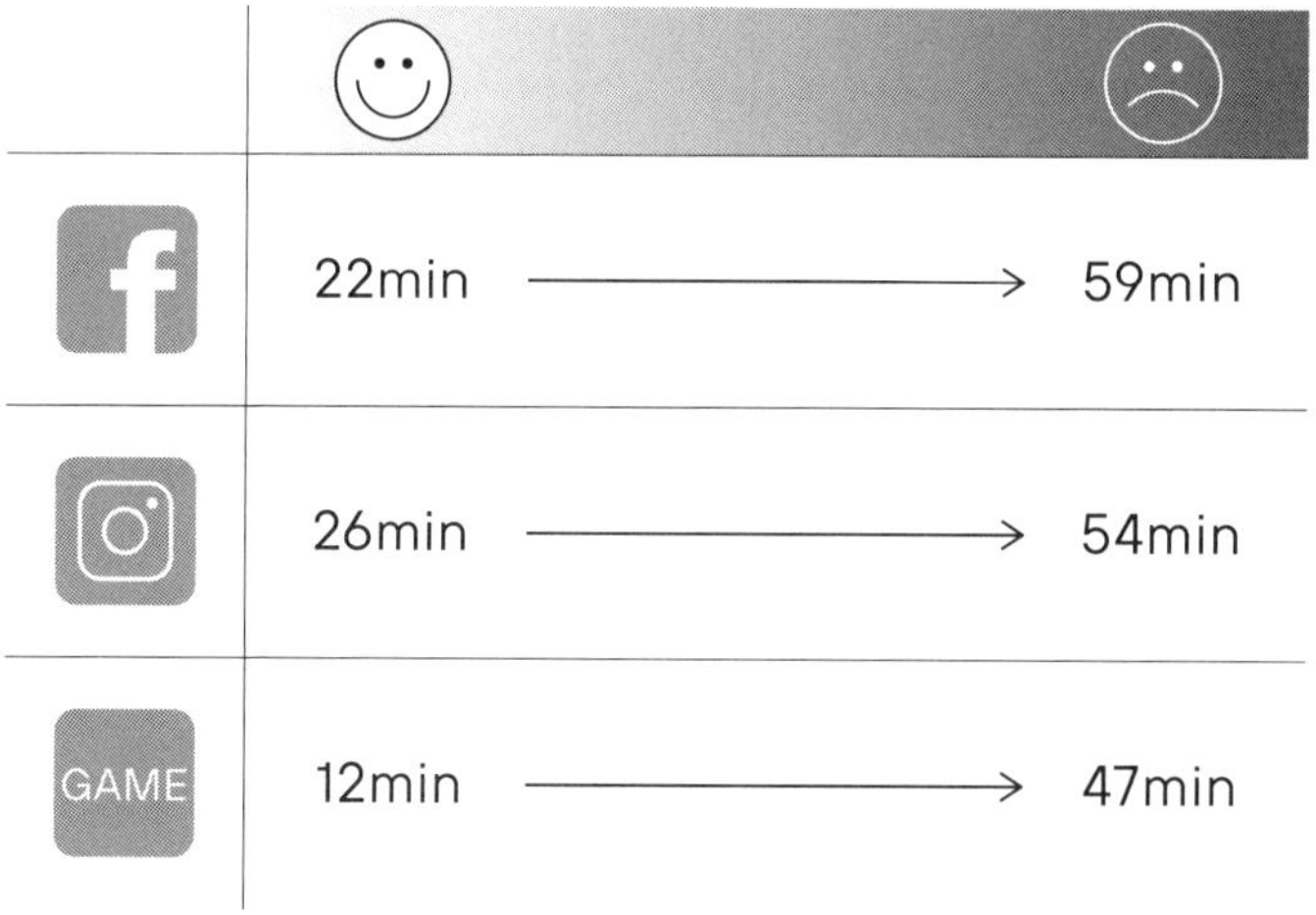

含む、特定の行為を自制できない状態を「行動嗜癖《しへき》」と呼ぶようになりました。

物質に対する依存にせよ、行動に対する依存にせよ、特定のことが快楽を引き起こし、その快楽を追い求めるがあまり日常生活に支障をきたしてしまう――これが依存の定義です。

独立行政法人国立病院機構久里浜医療センターの名誉院長であり、依存症治療に関する国内の権威、樋口進氏によれば、物質依存と行動嗜癖の両方において「報酬欠乏」と呼ばれる状態に陥っていることがわかっています。[34]最初は快楽のために行動していても徐々にドーパミンの放出が悪くなり、刺激を求めてより依存物に向かってしまうのです。

依存症は本人の意思ではコントロールできず、治療を要する疾患でありながらも世間では

「だらしがない」「心が弱い」「異常」といったレッテルを貼られてしまう傾向にあります。このような依存にまつわる偏見が、治療から本人を遠ざけているのが現状です。

コロナ禍において、特にＳＮＳへの依存は増えていると示唆されています。２０２２年に発表された調査では、ロックダウンが始まる前に比べて、ロックダウン中はゲームやＳＮＳの利用で問題を抱える人が増えたと報告されており、コロナ禍によるライフスタイルの変化が行動嗜癖に結びつくリスクが指摘されるところです[35]。決して、行動嗜癖は一部の人が抱える問題ではありません。

ゲームに関わらず、ＳＮＳの過剰利用などに悩む人に対して、ＷＨＯは「その他の嗜癖行動症」という診断項目も設けています。もし自分のデバイス利用について深刻だと感じる、また周囲から指摘されるようであれば早めに専門医に相談することを推奨します。心の問題を診てもらうのに、早すぎることはありません。セルフチェックには、久里浜医療センターが紹介している「スマートフォン依存スケール（短縮版）（ＳＡＳ－ＳＶ）」が役立ちます。気になる方は、ぜひお試しください。

▼スマートフォン依存スケール（短縮版）（ＳＡＳ－ＳＶ）
https://kurihama.hosp.go.jp/hospital/screening/sas-sv.html

5 ネガティブは生存の〝最適解〟

ポジティブより強い、ネガティブ

パンデミックの最中である2020年、海外では「doomscrolling《ドゥーム・スクローリング》」という言葉がよく報じられるようになりました。新型コロナウイルスが蔓延し、そのあとにはウクライナ侵攻が勃発。特に米国では米国議会議事堂の襲撃事件も起こり、不確実性が高まる中で多くの人が先行きに不安を感じ、ネガティブな情報を延々と見続けてしまう状態を指しています。

多くのメディアが不安を煽る見出しで、コンテンツを投下し続けています。そして、スマホでそれらの情報を際限なく見続けられてしまう……。ただ、コンテンツが消費されることを重視するメディアに大きな責任があるのも事実です。

しかし、人の生来持つ性質もまた、このドゥーム・スクローリングを加速させているのです。

一つは、「ネガティビティ・バイアス」。私たちはポジティブな情報よりもネガティブな情報に強く反応する傾向にあります。そして、ネガティブな情報ほど私たちの記憶に残りやすくなるのです。

fMRIで脳を調べると、ネガティブな情報に触れた際、ポジティブな情報よりも扁桃体が活性化することがわかっています[36]。扁桃体は、情動を担う重要な部位で、特に恐怖や不安の記憶形成に関わっています。警報装置のように、自分の命に危機が迫っているかどうかを瞬時に判断するシステムです。不安障害などストレスに関する疾患は、扁桃体の過活動が一因であることもわかっています。

次に、FOMO。「Fear Of Missing Out」の略であり、直訳すると「取り残されることへの恐れ」です。自分の周りの人たちは、自分よりも多くの有意義な体験をしている、自分より何かに詳しい、自分より優れていると感じてしまうことで、FOMOの感覚が強いと、SNSに依存する傾向も強いとわかっています[37]。

オッドボール実験で明らかになった「新しい情報に強く反応する」という私たちの性格、ネガティビティ・バイアスにFOMO。これらはいずれも、人類が今日まで生き延びるためには欠かせない「生存機能」でした。

茂みから何かが襲ってこないか、生き延びるに充分な食糧は確保できるのか、自分は群れの仲間から嫌われていないか。私たちの祖先は太古の昔から、飢餓や外部の脅威、群れの中や群れ内外の闘争などに晒されており、命の危機を瞬時に察知して生存行動（戦うのか、逃げるのか）を取らなければなりませんでした。当然、そのような環境では、楽観的であるより悲観的であったほうが良い。一つのことに集中するマインドフルネスな状態であるよりは、注意散漫で常に周囲の変化にビクビクしていたほうが良い。

無論、今日の世界から飢餓や暴力がなくなったわけではありません。しかし、それらの脅威が少ない先進国において、これだけメンタルヘルスの問題が取り沙汰されています。私たちの脳が太古の昔から変わっておらず、昔に比べてはるかに安全な社会になってもなお、脳は同じような挙動を止められないからです。

テレビを見るほど世界は「危険な場所」になる

1970年代にはすでに、「ミーンワールド（直訳すると「意地悪な世界」）症候群」という言葉が生まれていました。暴力的なコンテンツに長期間触れることによって、世界は実際よりも危険であると認識してしまうバイアスの一つです。

このミーンワールド症候群の名付け親は、ペンシルベニア大学のコミュニケーション学部長を25年間務めたジョージ・ガーブナーです。当時、米国内の家庭ではテレビが普及し始めていたことから、彼はテレビがどのように人々の思想を形成するのかを調べました。

他にもガーブナーが提唱する「カルティィベーション理論」では、テレビを見る時間が長いほどテレビで描かれているイメージに沿った形で現実世界を認識する可能性が高いと考えられています。いわばテレビが伝えることを真実だと思い込む「テレビ教」の信者が増えると、ガーブナーは危惧したのです。彼は、このような言葉を残しています。[38]

人間の行動を支配するのは、物語を語る人たちだ。かつてはそれが親であり、学校であり、教会であり、地域社会であった。今、それは一握りの巨大企業であり、語ることは何もないが、売ることは大いにある。

メディアによって、世界が危険で溢れているとの認識を植えつけられながら生きている人たちはどのように変わってしまうのでしょうか。彼は1981年のアメリカ下院の通信についての小委員会で、次のように証言しました。[39]

恐れを抱いた人たちは、より依存的になり、より操られやすく、より抑制されやすくなり、欺瞞的なまでに単純で、強力で、強硬な姿勢に影響を受けやすくなる。
抑圧が彼らの不安を和らげるのであれば、彼らは抑圧を歓迎さえするかもしれない。それこそが暴力に満ちたテレビの深い問題なのである。

新奇かつネガティブな情報を追い求め、周りに遅れまいとする私たち。そして、それに迎合したテレビ。2000年頃になると、ガーブナーは「テレビをメディアとして見なくなった」と語っていますが、その後私たちはネットを主な情報源とするようになります。

当然ながら、ネット社会に移行しても私たちの生来の性質は変わりません。相変わらずネガティブな情報には強く反応し、自分だけがその情報を知らないのではと不安に駆られ、新たな情報を求める。そして、人間の性質を巧みに利用し、人々の不安や好奇心を換金し、収益化を図る企業が次々に立ち現れる——アテンション・エコノミーの時代へと突き進んでいくのです。

＊＊＊

本章では、デジタル社会の到来が個人の心身レベルで与える影響について考察をしてきました。第3章では視座を少し高めて、デジタル技術が社会全体にどのような影響を与えたのかを俯瞰していきましょう。

第3章

デジタル社会と分断される「今」

僕らはインターネットの
氷山の一角すらもまだ見ていないよ。
こいつがこれからやることが
社会にもたらす影響は、
良くも悪くも、想像がつかないんだ。
これはエイリアンの生活だ。
火星のライフスタイルが
地球にもやって来たんだよ。

——デヴィッド・ボウイ[1]（ミュージシャン）

前章では、デジタル機器やその上で流れているコンテンツに私たちが気（エネルギー）を奪われ続けてしまう生物学的な理由について考えてきました。

ここからは、「はじめに」で示した氷山の深層に迫っていきます。

私たちを短絡的な思考に陥れてしまうアテンション・エコノミーやフィルターバブルの罠について、デジタルテクノロジーの台頭によって生まれた「現代こそすべて」と感じさせるナウイズムについて。そしてＡＩによって人はどのように変貌するのか——私たちを取り巻く「強大な存在」と対峙するときがやってきました。

1 糾弾されるテック企業

トリスタン・ハリスの指摘

米国で映画やテーマパーク、野球よりも収益の大きいものは何だと思いますか？　スロットマシーンです。そして、私の手にあるスマホこそが、そうした巨大なカネを生むスロットマシーンのようなものです。

２０１４年、TED Talksで、トリスタン・ハリスは聴衆にこう語りかけました。[2] 彼はテクノロジーの倫理的なデザインの必要性を説いたことで知られ、シリコンバレーの良心とも呼ばれる存在です。

興味深いのは、ハリスがデジタルサービスの裏側を知り尽くしたプロである点。彼は心理学を学び、デザインの力で人を動かす方法に精通しています。Googleのデザイン倫理学者として勤めていましたが、2013年にはGoogle内部で「人々の注意をいかにテクノロジーが奪っているか」について議論を呼びかけました。

彼が問題視するのは「アテンション・エコノミー」の中で、テック企業が過剰なまでにユーザーをサービスに惹きつけるためのデザインを取り入れている点です。

また、テクノロジーが人々の行動や思考を形成してしまっていることも厳しく批判しています。彼は現状のテック企業がユーザーのウェルビーイングを無視して、とにかく時間と注意を奪うことに腐心していると指摘し、テクノロジーは「いかに人間が有意義な時間を過ごせるか」に着目して、人間中心のデザインへと改めていくべきだと批判しています。

さて、ここでアテンション・エコノミーについて少し触れておきましょう。

アテンション・エコノミーとは、もともと社会学者のハーバート・サイモンが提唱した概念です。サイモンは「情報過多となった社会では注意資源が不足する」と指摘し、テック企業やメディアは人の注意を集めるための戦略を追求するようになると述べています。

ハリスは、まさにサイモンが懸念した通りの状態に陥ってしまっていると指摘しているのです。彼は、その様相を「テック企業による注意獲得競争」という言葉で端的に表しました。[3]

YouTubeは視聴時間ができるだけ長くなるようにします。そのために、彼らは次の動画を自動再生するのです。Netflixはそれを見て、我が社のシェアを低下させまいと自分たちも「次のエピソードを自動再生しよう」と考えます。すると、それを見ていたFacebookは自分のシェアを守るために「ニュースフィードに流れるビデオは自動再生にしてしまおう」と考える。〈中略〉テクノロジーはもはや中立的な存在ではなく、注意獲得競争であり、誰が脳幹の奥底まで一番進めるかという競争をしているのです。

TED Talksでハリスは、「怒り」は人の関心を引く感情であり、だからこそニュースフィードには怒りを引き出すコンテンツが並べられると説明しています。

また、人々は怒りを誰かに伝えたくなるのでネット上でどんどん拡散するようになります。つまり穏やかな内容の情報よりも、怒りに満ちた情報を表示するほうがユーザーの関心を惹きつけやすくなるのです。

「ビッグテック」と呼ばれる企業のほとんどは広告収入によって成り立っているため、ユーザーの滞在時間は彼らの広告収益に直結します。ですから、資本主義の力学の中ではユーザーのメンタルヘルスよりも滞在時間のほうが優先されてしまうのです。ハリスはこのような動きが人々の心を蝕み、本来のテクノロジーの意義が失われる危険性を早くから訴えていました。

市場ではすべてが商品になる

ドイツの哲学者マルティン・ハイデッガーは、技術の本質は「潜むものを明らかにする（開匿《かいとく》）」にあると考えました。[4]

たとえば、身の回りにある自然も、技術なくしてはそこから何も生まれません。山にある木を切り倒し、運搬し、それをさらに加工する技術があって、初めて山は人にとって「資源」になりえます。

そして、現代において採掘可能な資源は「人々の注意」だと、テック企業は気づき始めました。ユーザーの行動データを蓄積・分析し、予測さえする技術をテック企業は有しているわけですから、「この人にこの広告を出せばよりクリック率は上がる」と、広告の最適化も容易になります。

このように企業がユーザーの個人的なデータ（年齢や性別、趣向）や行動（位置情報、コンテンツの好み）を解析して、自らの収益に役立てるビジネスモデルを「監視資本主義」と呼びます。監視資本主義を提唱したのは、ハーバード・ビジネス・スクール名誉教授のショシャナ・ズボフです。

デジタル化が大きく進んだ21世紀初頭には、多くの投資家がシリコンバレーで雨後の筍《たけのこ》のように増えるテック系のスタートアップに投資していましたが、ITバブルは弾け、2001年には株価の大暴落が起きました。ズボフはその原因を、「どの企業も収益を出す方法を探り当てられなかったから」だと説きます。[5] そして、その突破口を最初に開いたのがGoogleだと、ズボフは語っています。

ラリー・ペイジ（註：Google共同創業者）が気づいたのは、人間の経験が、次の〝手つかずの森林資源〟だということでした。これからの時代は、私たちの私生活が「天然資源」であり、それを行動学的なデータとして市場で売れると見抜いたのです。

市場に並べばなんでも商品になる――そう指摘したのは、経済史家のカール・ポラニーです。彼は『大転換』（東洋経済新報社）において、「労働」「土地」「貨幣」は「擬制商品」であり、本来市場で売買されるべきものではないと論じました。[6] これらは人々の生活に深く根づいたものであり、これらを市場原理に委ねると社会は不安定になると。私たちの注意力（集中力）、そして人との関わりはまさに生活に深く根づいたもの、いや、私たちの生活そのものではないでしょうか。

しかし現代では企業が擬制商品を資源に見立て、奪い合っているのが事実です。ハリスやズボフは、ポラニーの思想を受け継ぎ、現代人に警告しているのかもしれません。

バルファキスの「テクノ封建制」

前項で登場した、ポラニーやズボフ、ハリスらは資本主義の中で企業が暴走してしまい、人々のプライバシーや生活の質そのものを下げてしまうことに明確な懸念を示しました。

一方で、現代のテック企業が築いた社会は資本主義ですらなく「封建制のようだ」と批判したのが、ギリシャの元財務大臣を務めた経済学者のヤニス・バルファキスです。SNSなどのデジタル・プラットフォームやテック企業がユーザーのデータや労働を領主のごとく支配し、それを利用して巨万の富を得る一方で、ユーザーはその支配下にあることを余儀なくされる現状の経済システム――バルファキスはこの状態を「テクノ封建制」と呼んでいます。

考えてみれば、Facebookは無料で得たユーザーのデータを広告収益に換えていますし、オンライン広告市場で圧倒的なシェアを誇るGoogleは企業がユーザーにどのようにリーチできるかを検索表示によって左右できる立場にあります。Amazonに出店している小売店は、より多くの顧客にリーチできるプラットフォーム上で販売を続けるために、Amazonの定める手数料やその他のルールに従わざるをえません。

資本主義はオープンな市場と競争によって成り立つものですが、バルファキスはもはや現代のプラットフォームが市場を支配し、市場原理の根本にある「競争」を抑制していると主張しています。

こうしてみると、海外では実に多くの知識人が現状のデジタル経済について警鐘を鳴らしています。そして、多くの識者がデジタル上の経済活動を市場原理に委ねるのではなく、規制機関が立ち入る必要性を訴えています。

ＥＵでは２０１８年に一般データ保護規則（ＧＤＰＲ）が施行されました。ユーザーデータを同意なく収集することが厳しく制限され、個人情報の管理などデータ保護の枠組みが設けられたのです。日本でも２０２２年に改正された「個人情報保護法」が施行され、ＧＤＰＲと同様に企業が適切にユーザーのデータを取り扱うように規制を強めています。[7]

2 フィルターバブルとエコーチェンバー

SNSが米国をあり得ないほどバカにした

ノアの洪水が起きたあと、地球に暮らすすべての人は同じ言語を話し、意思疎通が可能だった。彼らは、力を合わせて天にも届く巨大な塔の建設を目論む。これに神は「私に対する挑戦だ」と激怒。神は彼らの言語を混乱させ、互いに理解し合えないようにした。結果、建設は中断され、言葉が通じる者同士が集まり、世界の方々に散らばっていった。——旧約聖書の「創世記」に登場する、有名な「バベルの塔」の話です。

そして、この物語が「2010年代の米国で起きたことについて最もふさわしいメタファーだ」と揶揄《やゆ》したのが、社会心理学者のジョナサン・ハイトでした。彼はどのように米国に分断が生じたのかを「アトランティック」への寄稿で切れ味鋭く描きました。[8] 米国内での記事の反響は大きく、米国元大統領のバラク・オバマが一読を促したほどです。彼の寄稿「なぜ過去10年で米国は比類なきほど愚かになったのか」は、今の日本のあり方を省みるうえでも非常に重要な示唆が含まれているので、ここで詳しく解説しておきましょう。

ハイトは、人々の分断が政治の世界だけで起きているのではなく、学校でも家庭でも起きていると付け加えています。ハイトが指し示す現代のバベルの塔を築こうとしたのはSNS企業。FacebookやMyspaceなど、初期のソーシャルメディアは無料かつ世界規模で人々が繋がり、目的を共有することを可能にしました。「アラブの春」や「オキュパイ・ムーブメント」はSNSに端を発する運動であり、ソーシャルメディアはまさに民主主義の騎手として期待されていました。その流れも大きく変わることになります。

ハイトが問題視している点は、ソーシャルメディアが国家を統一するために必要な三つの力をすべて弱体化させたことです。その三つとは、「社会ネットワーク（人々の繋がり）」「国が定める制度」「共有されるストーリー」です。

初期のソーシャルメディアは比較的無害だった、とハイトは書きます。Facebookなどのプラットフォーム上で、人々は自分の近況や好きなことを家族や友人と共有するのみで、既存の人間関係を維持するためのものでした。

しかし、ハイトの指摘によれば転換期は2009年。「いいね！」やシェア機能が多くのSNSに搭載され、いわゆる「バズる」（海外では「バイラル」）現象が生まれたときでした。人々の感情的な反応を数値化することで、最もリアクションが得られそうなコンテンツの情報を集めたS

NS企業はアルゴリズムを駆使して、それぞれのユーザーが最も反応しそうなコンテンツを表示するようになりました。

その結果、SNSはいかに「自分、あるいは自分が推す人の投稿をバズらせるか」のゲームに変貌《へんぼう》したとハイトは説きます。バズらせる技術と運があれば、時間をかけずに一躍ネット上の時の人になれる時代。しかし、少しでもミスをすれば炎上し、キャンセルされる時代……。これによって、ソーシャルメディア上の人たちは、群集心理に大きく影響を受けながら振る舞うことを余儀なくされます。ハイトは寄稿の中で、次のように書いています[8]。

現代のソーシャルメディアは、最も過剰に倫理を振りかざし、また思慮深さから最も遠い一面を我々から引き出すよう、ほぼ完璧に設計されている。

つまり、大きく感情を刺激されるコンテンツで物事の善悪を決めつけ、自分の理性ではなく周りの空気感に呑まれ、場合によっては不適切なことに加担してしまう——日本も例外ではありません。著名人に対する誹謗中傷、フェイクニュースを事実関係なく拡散すること、異なる人種や性別、趣向を持つ人へのヘイト、コロナ禍で社会問題となった「マスク警察」のように過剰な正義感から他者に過干渉する行為など。いずれもソーシャルメディア上で飛び交う攻撃的な言論や事実無根の情報に踊らされ、行動に歯止めが利かなくなっている部分が多々あります。

一時《いっとき》の感情（特に怒り）に駆られる人々が増えれば、民主主義は揺らいでいきます。民主主義においては法に則って人を裁くことが原則でありながら、SNS上では誰もが「怒れる執行人」となり、標的となる人や組織を容易に攻撃できてしまう。裁判などの公正なプロセスを経ずに、個人の歪んだ正義感が結果的に誰かを殺めてしまう事件は日本国内でも。15～17世紀の魔女狩りさながらの事態が、現代でも起きているのです。繰り返します――現代のネット社会は「魔女狩りの時代」へと逆戻りしています。

確証バイアスの恐ろしさ

ハイトが寄稿の中で警告しているのは、ずばり「フィルターバブル」に陥る危険性です。SNS企業や検索エンジンはしばしば「最適化」の名の下で、それぞれのユーザーが好みそうな情報を提供しますが、その過程で異なる視点や意見に出会う機会が奪われてしまいます。そうなると、自分にとって興味のある内容や自分の意見を補強してくれる情報にしか触れられなくなり、どんどんと視野が狭まっていくのです。泡の中に包まれて外部の情報が見えなくなる、フィルターバブルはそのような状態を指します。

さて、そのバブルの中には自分と同じ意見の持ち主しかいません。同じ考えを持つ人たちの中で情報が共有されると、互いに意見を強化し合い、ますます「自分の意見が絶対に正しい」と感じてしまう傾向にあります。そして、反対派の意見を無視するようになります。これを「エコーチェンバー*」と呼びます。

研究でもSNS上で投稿される文章に「感情を強く刺激する単語」が含まれると拡散率が増加していくと報告されていますが、拡散されるのは特定の政治思想などを共有するグループ内のみで、それ以外の思想を持つグループには伝播しづらくなることもわかっています[9]。

ここで知っておきたいのは、「確証バイアス」です。

確証バイアスとは、自分の信じていることや期待していることを支持する証拠を優先して探し、反対の情報や証拠を軽視したり無視したりする傾向のことです。このバイアスにより、自分の信念が強化されやすくなり、客観的な判断を困難にしてしまうのです。都合の良い情報だけを取り揃えて「ほら、やっぱり自分は正しいんだ！」と過信してしまうのが、確証バイアスの怖さです。

そして、個人の関心に合わせてコンテンツが最適化されたネットの世界ではこの人間が持つ確証バイアスが特に強化されやすいのです。

＊　エコーチェンバー現象：自分と似た思想を持った人々が集まる空間でコミュニケーションが繰り返されることで、その中で共有される思想が一般的に正しいことであると信じ込んでしまう現象。反響音や残響音などを録音するための部屋（エコーチェンバー）に由来する。

民衆の不安に付け込んだ「魔女狩り」の書

カタカナの言葉が続いてしまいましたが、最後にもう一つだけ重要な概念を押さえておきましょう。フィルターバブルの中で同じような人たちが同じような情報を摂取し、同じような思考を強化していく。そしてネット上では、感情を刺激する情報ほど拡散されやすい。その結果、事実とは異なる荒唐無稽な主張であっても感情を刺激するものであれば、人は反応し、確証バイアスによってその情報を飲み込んでしまう可能性が高まります。

事実よりも感情に訴えかける情報のほうが影響力を持つ……。私たちが生きる今日の世界は、しばしば「ポスト・トゥルース」*の世界だと言われます。

しかし、真実よりも感情を刺激する（不安を煽る）情報に反応してパニックを起こすのは、人の常のようです。ネットが生まれるはるか前、活版印刷が欧州で普及した際に、人々は知識を手にしてすぐに大きな飛躍を遂げた……わけではありませんでした。

地動説を提唱したコペルニクスの書籍『天球の回転について』は、発表された1543年当初、一部の知識人にしか読まれませんでした。一方でこの時代に流布したのが、ドミニコ会士（カトリック教会の修道会）であり異端審問官であったハインリヒ・クラーマーの『魔女に与える鉄槌』[10]。欧州中の神学者や法学者、異端審問官に影響を与え、魔女の告発や裁判を指揮するうえでの手引書となりました。

教皇インノケンティウス8世の勅書《ちょくしょ》が魔女の存在を認め、取り締まりを支持したこと、そして魔女を取り締まる具体的な方法が示されたことから、当時の民衆は魔女の存在を信じ込みました。そして何か災害が起きると「魔女の仕業」だとして、村内の女性を告発するようになります。その結果、15〜17世紀では数万人もの罪なき女性が虐殺されました。このようにして、『魔女に与える鉄槌』は感染病の流行や穀物の不作で喘《あえ》ぐ民衆の不安に付け込んだのでした。

今日、ネットで過激な発言をする人はごく一部だということがわかっています。ピュー・リサーチ・センターの調査では、米国のXユーザーの中でも活発な10％のユーザーが全体の80％のツイートを生成しているというのですから驚きです。[11]

そして、活発なユーザーは政治的に過激な発言をする傾向にあり、それにより多くの人が「ネットは荒れている」という印象を抱くわけです。実際、ほとんどのユーザーは「サイレント・マジョリティ」と呼ばれ、ただSNS上で観察する側にまわっているのです。

＊　ポスト・トゥルース：2016年、英国のEU離脱や米国のトランプ新大統領誕生など、世界の政治が大きく動いた年にワード・オブ・ザ・イヤーに選ばれた言葉。世論を形成する点で、個人の感情や信念のほうが客観的事実よりも人々の意見に影響力を持つ状況を指す。

映画『パプリカ』の世界は現実に

社会を動かすのは、良くも悪くも声の大きな少数派です。そのことをよく指し示しているのが、心理学者セルジュ・モスコヴィッシによる「少数派影響理論」です。[12] 彼は「青／緑の色弁別課題」と呼ばれる実験で、少数派が主張を続けることで多数派の意見にどのような影響を与えるかを調査しました。

実験では、被験者に青色のスライドを見せ、スライドの色を識別するように指示します。しかし、被験者にはサクラ（少数派）が含まれており、彼らはわざと青いスライドを「緑色である」と主張します。少数派が一貫して「緑」と答えることで、実際の被験者（多数派）がその影響を受けて意見を変えるかどうかを調べました。

- 被験者：6人のグループで行う。実際の被験者である多数派は4人、残りの2人はサクラで少数派を演じる。
- 課題：被験者全員に6種類の青いスライドを6回提示する。被験者はスライドの色を判別し、何色かを答える。
- 少数派の主張：一貫して青いスライドを「緑」と答える。

実験の結果、少数派のサクラがいる場合、スライドを「緑色」と回答した人の割合は約8％に上りました。一方、サクラがいない条件下では、「緑色」と誤認した人の割合はわずか0・25％。明らかに、少数派の意見が多数派の判断に影響を及ぼしていたのです。

たとえば、米国で起きた公民権運動はローザ・パークスという一人の女性の行動から始まりました。近年における「Me Too」運動も同じ流れです。多数派が見すごしてきた問題を是正するべく立ち上がるのは、声の大きな少数派なのです。

その一方で少数派が、一貫して自分たちの意見を主張することで集団に影響を与え、社会的混乱を引き起こす場合もあります。たとえば、カルト的な運動や過激な政治思想の台頭は、声の大きな少数派がもたらすネガティブな影響の典型例です。

そこには、声の大きな少数派が世の中の空気感を変え、いつの間にか「当たり前」を作り上げていくのを声なき多数派がただ見ているだけといった背景があります。

僕には、ここ数年で最も日本の未来を憂いた瞬間がありました。2024年の東京都知事選の際、候補者とは関係ない内容のポスターが大量に貼られ、中にはとても公共の場で見られるべきではないおぞましい内容のものもありました。表現の自由を盾に、立候補する大人たちがあのような暴挙に打って出るのは極めて低俗としか言いようがありません。

掲示板に並ぶポスターを見て、今敏《こんさとし》監督の映画作品『パプリカ』（マッドハウス）を思い出しました。この作品には他人の夢をモニタリングし、介入することができる装置「ＤＣミニ」が登場します。ＤＣミニは悪夢に悩まされる患者を治療する目的で発明されましたが、何者かに盗まれ、悪用されてしまいます。そして、他人の夢に強制的に入り込み、悪夢を見させて精神崩壊させる事件が起きてしまうのです。そのうち、現実と夢との境目はわからなくなり、ディストピア的な世界の中で主人公たちはＤＣミニを取り戻すために奔走する――。

２０２４年の東京都知事選では、まさにネット世界の「大衆の感情を刺激して注目を集めた者が勝つ」というポスト・トゥルースの波がそのまま現実世界に流れて出てきてしまった構図でした。刺激が先行してしまう現代において、善悪の判断を世の中の空気感や煽り立てられた感情に任せることなく、自分の良心に照らして判断できるのか……。声なき多数派の姿勢も非常に問われているように思います。

3 タバコより強い誘引力を持つSNS

「技術楽観主義」の代償

先ほど登場したジョナサン・ハイトは、デジタル社会がZ世代以降の人たちに与える影響を危惧しています。ハイトが上梓した『不安な世代』(原題『The Anxious Generation』未邦訳)では、インターネットやスマホが登場したことで「子ども時代にするべき体験が阻害されている」と述べ、スマホは「体験ブロッカー」であると批判しています。[13]

彼の凄《すご》さはデジタル社会によって米国の社会がどう変わったのか、その功罪を鮮やかにわかりやすく書いている点にあります。現代に生きる私たち自身を大きな時間軸の中に落とし込んで見つめられるため、ここでも少しハイトの論考に触れておきましょう。

ハイトは『不安な世代』において、スマホが子どもたちから「体験」を奪っていると書きました。具体的に、どのような体験が奪われているのでしょうか？　その一つとして、彼が挙げているのが「遊び」です。[14]

遊びの中でも重要な要素として「身体的なリスクを伴う行動」がある。幼少期や青年期にヒトは大きな痛手とならない環境で、リスクを取って失敗する必要があるのだ。

ハイトは遊びの過程で恐怖心を克服したり、これはやってはいけないといったリスクを推量する技術を身につけられると説いています。さらに、遊びの中で目標を達成するために協力し合うことも学べます。ヒトの社会性を育むうえで、遊びは非常に重要なのです。

「リスクを取る機会や子どもたちだけで冒険した経験が少ないと、不安でリスクを忌避する大人になる傾向がある」とハイトは続けています。

そして、遊びの体験は大人不在であることが多かったとハイトは書きます。大人が介入しない子どもたちだけのコミュニティの中で、子どもたちは話し合いによって争いを解決したり、友情を育んでいくのです。

しかし、子どもたちの遊びに変化が生まれたのが１９７０年代後半から１９８０年代。テレビがこのあいだに広く普及したこともあり、米国内では路上犯罪の報道が増加しました。親たちは外で子どもだけが遊んでいたら誘拐などの犯罪に遭ってしまうのではないか、と心配し始めたのです。

さらに受験競争が激しくなったことから、子どもたちは学校以外の時間も塾を始め、大人が主導する教育に浸る時間が多くなったとハイトは指摘しています。

このタイミングで普及したのが、スマホやタブレットです。デジタル技術の普及には大きく二つの波がありますが、第一波（1990年代）ではインターネットがPCの普及と共に家庭に広がり、ミレニアル世代（1981年から1996年生まれの世代）が主に影響を受けました。この時期、インターネット接続は遅く、限られた利用環境だったこともあり、10代のメンタルヘルスに大きな悪影響は見られませんでした。むしろミレニアル世代は、精神的にも比較的健康で幸福度が高かったのです。

第二波（2010年代初頭）では、スマホの普及によりインターネットが常に手元で使える状態となったため、Z世代に大きな影響を与えました。SNSやスマホによって、10代は常にオンラインにアクセスできるようになり、長時間の座り生活や孤独なバーチャル環境が生まれました。この結果、メンタルヘルスに悪影響が現れ、不安で防御的な傾向が現れるようになります。ハイトによれば、第二波が「スマホに支配された子ども時代」を生んだのです。これは、デジタル技術に対して楽観主義的な態度を持った帰結として現れたとも書かれています。

「テクノ・オプティミズム《技術楽観主義》」は、1990年代半ばにインターネットが普及し始めた頃に遡ります。当時、インターネットは民主主義を支えるツールであり、独裁者や抑圧から人々を解放するものと広く信じられていました。人々がインターネットを通じて繋がり、情報に自由にアクセスできるようになれば、社会はより良くなると期待が高まったのです。

さらに、2000年代にシリコンバレーが生み出す革新技術が米国の誇りとなり、世界中の若者がデジタル革命に参加したいと願うようになります。スティーブ・ジョブズやGoogleの創業者セルゲイ・ブリンなどのリーダーは、まるで現代の神のように讃えられ、テクノロジーに対する期待がさらに高まりました。

2011年の「アラブの春」では、X（当時はTwitter）やFacebookなどのソーシャルメディアが民主化運動を支援し、社会変革を起こす力が評価されました。このように、テクノロジーは社会を前進させる力として楽観的に広く受け入れられていったのです。

デジタル技術が普及した当時、デジタル機器に対する期待感の高まり、そして子どもたちだけで外で遊ばせることへの懸念が相まって、デジタル機器のデメリットについて深く議論されることはありませんでした。スマホ育児についても、子どもがテレビを受動的に見るよりも自らデバイスをスワイプしたりタッチしたりしているほうが能動的で、問題がない行動に思えたのだとハイトは説明しています。

そして、なぜZ世代が「不安で防御的」な世代なのか。Z世代の多くは、幼少期からネオ・デジタルネイティブとしてデジタル機器に囲まれて育ち、SNSやオンライン上で多くの時間を過ごしています。これにより、彼らの脳は他者との比較や、オンライン上での批判や羞恥を経験しやすくなり、防御的な態度を取りやすくなっています。この「防御モード」は、常に脅威を感じてしまう状態を指し、これが彼らの不安や抑鬱を引き起こしやすくしていると言うのです。

さらにオンラインでの交流は、実際の対面コミュニケーションの多くの要素——非言語コミュニケーション、同期性、不特定多数を相手にするネットワークの軽さ——を欠いており、その結果、Z世代は対人関係のスキルや対立を解決する能力が充分に育めていないとハイトは指摘しています。

同調圧力がSNSを使わせる

Z世代の多くはTikTokやInstagram上で多くの時間を過ごしていますが、どうやらそれも「好んでオンライン上に滞在している」わけではないかもしれないと、ハイトが取り上げたある研究は示唆しています。

シカゴ大学の経済学者レオナルド・バースティンが率いる研究では、1000人近くの大学生にTikTokやInstagramのアカウントを4週間停止するためにはいくらの報酬が必要か尋ねたところ、学生たちは平均して50ドル(約7500円)の報酬を求めました。[15]

しかし、他の参加者全員がSNSを利用しないという条件で、再びアカウントを4週間停止するための希望の報酬額を尋ねると、ほとんどの学生が「皆がSNSを使わないのならお金を払ってでもやめたい」と答えたのです。

この回答から、バースティンらはSNSの使用が主にネットワーク効果に依存していると考えました。「みんなが使っている」という集団圧力によってSNSを使わざるを得ない――この現象は「プロダクト市場の罠」と呼ばれ、ユーザーがプラットフォームの存在を望まないにも関わらず使用を続けてしまうことを示しています。同研究では、約57％の学生がTikTokやInstagramのない世界に住みたいとまで回答したのでした。


では実際に、誰もがSNSを使わなくなったらどのような世界が訪れるのか。ブラジルでは2024年8月、Xを全面的に停止する措置が講じられました。X内で偽情報を拡散し続けるアカウントに対してブラジルの最高裁判所が是正を求めていたにも関わらず、XのCEOイーロン・マスクが応じなかったのが原因だと報道されています。その真偽はともかくとして、図らずもブラジルでは大規模なSNS断ち実験が行われた形となりました。

ブラジルではXが停止されてから1ヵ月後、約3割の利用者がメンタルヘルスの改善を感じており、4人に1人が再開後もXを利用しないと答えました。[16] 一部の若者は不便を感じる一方で、Xが過激な情報やボットによって不快な場になっていたことに対する共感も示されています。改めて、SNSの功罪について考えさせられる出来事です。

4 孤立する「今」――ナウイズムの檻

加速社会と「ナウイズム」

ハイトの熟思の中で、もう一つ深掘りしたい点があります。それは、「ナウイズム」*の問題です。簡単に説明すれば、長い年月の中で人類が築いてきた知恵（自他の経験によって導き出された知識をもとに行動する力）から私たちが引き離されてしまい、古いものは時代遅れであり、数量化できないものは役に立たないと考えること。そして、自分たちの行動がすぐに結果となって現れること（即時のフィードバック）を期待する傾向のことです。

＊ ナウイズム：「現代という時代」への過度な集中を指す概念。その弊害として文明評論家のスティーブン・バートマンは主に次の三つを挙げる。①膨大な情報に晒されることでストレスを抱えてしまうこと。②すぐに結果が得られること（即時性）ばかり求めてしまい、長期的な成長や深い思考が軽視されること。③現在に情報が氾濫することで、過去の経験や教訓に目が向かなくなること。

この問題について、文明評論家のスティーブン・バートマンは『ハイパーカルチャー』(ミネルヴァ書房)で、次のように書いています。[17]

今日のメディア世界において、広く浸透しているのは釣り合いのとれた見方ではなく、「今」のパワーである。〈中略〉

評論家のスヴェン・バーカーツ(Sven Birkerts)も次のように同意する電子メディアがもたらした最も印象的な影響の一つは、永遠の「現在」、つまり、「今」という説得力ある感覚をつくり出すことである。そのイメージとすばやく移り変わる連続体の影響力はとても強力であり、並列した内容に催眠術をかけるために、見る者は誘惑され、因果関係を示すような歴史的な考え方の習慣から次第に離れていく。

バートマンは、テクノロジーによってあらゆることが高速化された社会において、人は没頭や熟考をすることが難しくなり、かつ歴史から切り離された「現代」のみでしか生きられなくなっている状況を問題視しました。そして、大量の情報を瞬時に配信できる電子メディアはこのナウイズムの傾向を加速させたと主張しているのです。

ではいったい、ナウイズムの何が問題なのでしょうか。ハイトは、このナウイズムの恐ろしさを端的に指摘しています。[13]

過去についての確かな知識と、何世代にもわたる営みである良いアイデアと悪いアイデアの濾過《ろか》がなければ、若者は周囲で流行するどんなひどいアイデアも信じやすくなるだろう。

2023年11月、9・11米同時多発テロの首謀者とされるオサマ・ビンラディンに共感を示す動画を米国人の若者が相次いでTikTokに投稿し、広く拡散されました。米メディア「CNN」の調査によれば、ビンラディンの書簡「アメリカへの手紙」の内容を過度に賞賛する動画がTikTok内で数十本も見つかったのです。[18] 2977人が死亡した米国の歴史上でも最悪のテロ事件の首謀者に、現代の米国の若者が共感する――この信じがたい事象もナウイズムの一種と捉えることができるでしょう。

歴史から何を学ぶのか

世界では右傾化が進んでいると言われており、トランプ米国大統領を筆頭に、イタリアでは極右の政治家ジョルジャ・メローニが2022年に首相に就任。ドイツでは、「反移民」などの極端な政策を掲げている「ドイツのための選択肢（AfD）」が存在感を強めています。その他にも、ブラジルでは極右として知られるジャイール・ボルソナーロが２０１９年に大統領に選ばれ、フランスではマリーヌ・ルペン率いる「国民連合（旧・国民戦線）」が移民排斥やイスラム教に対する強硬姿勢を掲げています。

「ワシントン・ポスト」は２０２４年3月、フランスからスウェーデン、オランダに至るまで欧州の若者が極右の政治団体の成長に拍車をかけていると報じました。背景には経済的な困窮などの社会問題がありますが、記事では極右の政治家がインフルエンサーのようにＳＮＳを活用して若者の支持を集めている点についても触れられています。

保守的な価値観を持つポルトガルの「チェガ党」議員であるリタ・マティアスは、ＳＮＳを通じて従来の政治家とは異なるエンタメ的な要素を交えたメッセージを若者に送り、投稿した動画は数多く再生されています。この手法をワシントン・ポストは「インフォテインメント（情報〝Information〟とエンタメ〝Entertainment〟を融合させた手法）」であり、既存の政治に幻滅し、かつ自国の独裁政権時代を知らない若者を釣るクリックベイト*1のようなものだと批判しています。[19]

ポルトガルでは、１９３３年から１９７４年まで「エスタド・ノヴォ」と呼ばれる体制下で右派による独裁政権の時代が続きました。

しかし、その記憶を持たない若者たちがまた右傾化を進めていく可能性もあります。歴史を遡れば、政治が右傾化し、ナショナリズムが台頭すると戦争が頻発します。20世紀前半を振り返っても、ファシズムやナチズムが強まった背景には、経済的困窮と極端なナショナリズムがありました。しかし、歴史から分断されて「現代」だけに生きている限り、歴史が遺した教訓から学べる機会はますますなくなってしまうでしょう。哲学者ヘーゲルが残した言葉が、より一層重くのしかかるように感じます。[20]

〈中略〉経験と歴史が教えてくれるのは、民衆や政府が歴史からなにかを学ぶといったことは一度たりともなく、歴史からひきだされた教訓にしたがって行動したことなどまったくない、ということです。

アンディ・ウォーホルが予見した未来

ポップ・アートの騎手として知られるアーティストのアンディ・ウォーホルは、「将来、誰でも15分は世界的な有名人になれるだろう」と語りました。*2

＊1 クリックベイト：ネット上の虚偽・誇大広告の形態の一つ。ネットユーザーの興味を引くようなテキストやサムネイル画像を用いて、欺瞞的な内容のコンテンツにアクセスさせる手法。

＊2 「将来、誰でも15分は世界的な有名人になれるだろう」：ウォーホルが発言したという記録は残っていないものの、ウォーホルの発言として流布している。

ウォーホルはアーティストとして大成する前に、商業デザイナーとして活動していました。ウォーホルの作品の多くは大量生産・大量消費社会を表現していますが、メディアの変遷を見ていく中でさらに人々の情報のやり取りは加速していき、誰でもすぐに時代の象徴に（一瞬であれば）なれるだろうと予見していたのかもしれません。

彼の発言や作品を観ていると、大量生産・大量消費社会や高速社会に対して批判性を有しているわけではありません。むしろ単に興味深い時代のうねりを題材として取り上げたのだと僕は考えています。しかし、インターネット社会の到来前から「バイラルの時代」がやってくると見抜いたウォーホルの慧眼《けいがん》はさすがとしか言いようがありません。

ただ、やはりバイラルなものは刹那的であり、すぐに他の大量のコンテンツの中に埋もれていきます。

「芸術は爆発だ」の一言で知られる画家の岡本太郎は、「流行は文字通り、流れて行く」と言いました。まさに何かがバズっては消え、バズっては消え……を繰り返す世の中。私たちはもはや長尺の映画作品を観ることも、本を読むことも難しくなり、15秒程度のショート動画、あるいは数百文字の投稿テキストという狭い窓を通して、断片的な世界を眺め続けているのです。そこには過去や未来との繋がりも、生身の人との交わりもない。私たちが孤独感に苛まれるようになったのは、現代という時代そのものが孤立しているからではないでしょうか。

ナウイズムが現代人にもたらす「強迫観念」

ナウイズムの特徴に、「即時性」があります。いつでも、どこでもすぐに情報を受発信できて、自分がした行動にすぐに数値化されたフィードバックを得られます。SNSに投稿すれば、すぐにいいねの数で周囲の自分への反応がわかります。

このような時代に生きているからでしょうか。現代では、どうしても自己効力感*が肥大しているように思うのです。自分のやったことはすぐに結果が出る――すぐに結果が出ないのであれば、自分がやっていることは見当違いだと思ってしまう。「すぐにできるようになる自分」を演出させるかのごとく、世の中に「○週間で～ができるようになる」といったハック系のコンテンツが溢れ返っています。そのような即効性を自分に求めるがゆえに苦しくなっている側面も、多々あるのではないでしょうか。

サイモン・シネックは著名なコンサルタントで、TED Talks「優れたリーダーはどうやって行動を促すか」が大きな反響を呼び、「最も人気のある25のTED Talks」の一つに数えられています。[21]

＊ 自己効力感：ある状況において、「自分ならできる」「きっとうまくいく」と自分で認識すること。心理学者アルバート・バンデューラによって提唱された。

彼もまたSNSやスマホの使用そのものが持つ負の側面について気づき、警鐘を鳴らしてきた一人です。シネックはある対談番組で、なんでもすぐに手に入る社会で育ったミレニアル世代は「ストレスに対する対処法を学ぶ機会がないままに大人になった世代」だと述べています。[22]Amazonで何か注文すれば翌日に届き、映画が見たければ上映時刻を待たなくてもデバイス上で観られる。デートに行きたければ、相手とのコミュニケーションをあれこれ介さずにマッチングアプリで出会える。彼らは望むものなら何でも即時に手に入れてきた――「『仕事の充足感』と『誰かとの深い繋がり』以外は」と、彼は続けます。

その二つを達成するためのアプリはないんですよ。仕事の充足感や誰かとの強固な絆を生むには時間がかかるし、不快な感情も伴う。蛇行的で乱雑なプロセスを踏む外ありません。

私は、大学を卒業したばかりの素晴らしく有能で勤勉な若者に多く出会います。しかしエントリーレベルの仕事をこなしている彼らに調子はどうかと尋ねると、「仕事を辞めようと思っています」と返ってくる。

いったいどうしてなのかと尋ねると、自分の仕事が何もインパクトを与えられないからだと彼らは言います。おいおい、君はまだ8ヵ月しかこの会社にいないんだよ……。

仕事の充実感を味わうにも、誰かと愛情を育むことも、スキルを身につけることも、自信を持つことも、人生において深い喜びをもたらしてくれるものはすべて「得られるまでに時間がかかる」とシネックはこの話を締め括り、長い時間をかけて成果を得るために待つことができる忍耐力こそが大切だと説いています。

忍耐力と聞くとなんだか親父の小言のように聞こえますが、要は「すぐに結果が出なくても焦る必要はない」と思える力が大事だとシネックは訴えているのです。つまり、他人に対しても自分に対しても「待てる」かどうか。結果が出るまでのプロセスでは、宙ぶらりんな状態のほうが多いのです。

そして、宙ぶらりんな状態で過ごせるかどうかは、自分が打ち込んでいることが「心から愛していること」であり、「プロセスそのものに没頭して打ち込めるか」が重要になってきます。これもまた重要なテーマゆえ、PART2で詳しく見ることにしましょう。

5 AIが虚構を紡ぎ出す

「AIは文明を根幹からハックする」

バートマンが指摘した高速社会は、AIの登場によってさらにその速度を上げていくでしょう。特にChatGPTなどの生成AIは、情報の入力も出力も人力では到底追いつかない速さでやってのけます。ここまでデジタル社会を俯瞰してきて、スマートなるものが我々の日常生活にあるプロセスを省き、便利になった反面、日常生活の多くがブラックボックス化してしまう問題が浮かび上がってきました。その傾向はAIでさらに強まると考えられます。

ここでは、歴史学者ユヴァル・ノア・ハラリの論考を見ていきましょう。ハラリは『サピエンス全史』において、「虚構を信じる力によって人類は大規模な社会を形成するようになった」と書いています。[23] 国家、宗教、法、貨幣、企業などは、自然界に存在するわけではなく、人間が作り出したものです。しかし、これらは多くの人が同じように信じることによって機能し、社会を動かす力になります。

彼は、私たちホモ・サピエンスが他の種と決定的に異なるのは、この「虚構」を共有し、大規模な協力を実現できる能力にあると述べています。

たとえば、チンパンジーのような他の動物は、ある程度の集団でしか協力できないのに対して、私たちは虚構を共有することで、何百万人もの人々が協力する大きな社会を構築することができたというのがハラリの指摘です。私たちは複雑な言語や抽象思考を手にしたこと（認知革命を起こしたこと）で、共同幻想を生み出し、共有できるようになり、目に見えないものを信じられるようになったのだと。

では、ハラリはＡＩの登場をどう見るのか。２０２３年、ハラリはトリスタン・ハリスらと共同で「ニューヨーク・タイムズ」にオピニオン記事を寄稿しました。冒頭では、このように書かれています。[24]

飛行機を作ったエンジニアの半数が「その飛行機が墜落して全員が死亡する可能性が10％ある」と告げたら、あなたはその飛行機に乗るだろうか

これは、どういうことなのでしょうか。２０２２年に発表されたＡＩ研究者たちへの調査をまとめた報告書では、回答した専門家７３８名のうち、ほぼ半数が「高度なＡＩが人類に及ぼす長

期的な影響が極端に悪いもの（人類の滅亡など）になる確率を少なくとも10％と見積もった」とされています。[25] ハラリたちはこのデータをもとに、ＡＩが人類に不可逆的なダメージを与える危険性を訴えています。

同記事で、ハラリは「人間はしばしば、現実をそのまま体験することができない」と書きます。私たちは「文化の繭《まゆ》」の中で、これまで自分が属した文化圏で培った色眼鏡を通してしか、現実を認知できないと言うのです。

私たちの世界の見方は、報道や周りの人から聞く話などで形作られています。そして、私たちの世界観を形作るのは「言語」であり、言語こそが私たち人類のＯＳです。そして、ＡＩが言語を操る力を手にした今、ＡＩは文明の根幹からハックし、私たちを操作できる状態なのだと記事では強調されています。[24]

物語、メロディー、画像、法律の大半が、人工知能によって作られた世界で生きるとはどういうことなのか？

人工知能は人間の頭脳の偏り、依存性を利用する方法を知っているだけではない、人間と親密な関係を作る方法も知っている。もはやチェスのようなゲームにおいて、AIを打ち負かそうなどと思う人間はいない。そのようなことが、芸術、政治、宗教においても起きたらどうなるのか？

先ほどフィルターバブルやエコーチェンバーについて触れましたが、ＡＩが言語を操り、特定の言論を流布させることが可能になれば、さらに社会的な分断が加速していくリスクもあります。

何千年ものあいだ、私たち人類は他の人間が描いた夢の中に生きてきた。〈中略〉もうしばらくすれば、私たちは人間以外の知能が描いた幻覚の中に生きている自分たちに気づくだろう。〈中略〉誰かを銃で撃つ必要もなければ、人間の脳にチップを埋め込む必要もない。銃撃が必要なときは、ＡＩはもっともらしいストーリーを人間に語り、人間に引き金を引かせるだろう。

ハラリらは、生成ＡＩは人類とＡＩとの「第二の遭遇」だと書いています。[24] 最初に遭遇したのはＳＮＳであり、人類はこれに負けたと。ＳＮＳに用いられていたのは原始的なＡＩにも関わらず、私たちはＳＮＳの裏側にある「バイラル化したもの」を届けるアルゴリズムに踊らされ、メンタルヘルスを害し、民主主義を破綻に追いやったとまで述べています。

そして、従来の力学通りにビジネスが続けば、ＡＩもまた利益や権力を得るために使われることを彼らは危惧しているのです。

クリックファームが操るネットの意見

ＡＩが登場する以前から、すでにネット上の意見は操作されています。英紙「テレグラフ」は、ソーシャルメディアやオンライン広告において、「いいね！」やクリック数を人為的に増加させる詐欺集団「クリックファーム」がどのように影響を与え、虚偽の人気を作り出しているかを報じました。[26]

クリックファームは、多数のスマホをＰＣに接続し、一つのコマンドで数百もの「いいね」や「フォロー」を生成します。これにより、特定の投稿やアカウントが人気であるかのように見せかけることができるのです。

AmazonやTripAdvisorなどのオンラインレビューサイトで、偽のレビューを大量に投稿し、商品の評価を上げたり、競合商品を不当に低く評価したりします。これにより消費者が誤った印象を持ち、購入を促される場合があります。

さらにクリックファームは、政治的なメッセージを広めるためにも利用されます。特定の候補者や政策に対する支持や反対意見を人工的に増やすことで、世論を操作しようとする試みもあるのです。このような一斉操作は手動で行われることもあれば、ソフトウェアを活用することもありますが、ＡＩによってよりその手口は巧妙化していきます。テレグラフは、「分析方法によっては、インターネット通信のうち半分ほどは偽のクリックからもたらされていると言える」と報じています。これは、驚くべき数字です。

米メディア「ヴァイス」も2023年、Amazonの電子書籍サービス「キンドル・アンリミテッド」には、AIが生成したでたらめな内容の書籍がベストセラーリストに並んだと報じています。[27] ハラリらが指摘するAIによる虚構は、すでにここまで侵食してきているのです。

AIで人は無責任になる

社会学者のニコラス・クリスタキスは、AIが人々の相互関係に与える影響について、AIと人間の関係だけでなく、人間同士のやり取りにも焦点を当てるべきだと主張しています。さらに彼は、特に人間の行動を模倣するように設計されたAIが「社会的な波及効果」を引き起こし、人々がAIを通じて学んだことが他の人との関係にも影響を与える可能性があると指摘しています。[28]
クリスタキスは一例として、こんなシチュエーションを挙げています。誰もアレクサに、「すみません。よければ今日の天気を教えてくれませんか?」とは聞きません。「アレクサ、今日の天気」とアレクサを見ずとも口にするだけで、AIは怒ることなく回答してくれます。しかし、無礼な命令に従うAIデバイスと接触し続けるうちに、子どもたちは対人の会話でも無礼な作法で振る舞ってしまうかもしれない、と彼は不安視しています。

クリスタキスは、ＡＩが長年かけて築かれてきた社会的な規範を損なう可能性があると警告し、政府はＡＩシステムが人間の社会的利益と調和しているのか、リスクを軽減するための安全性検査を行う必要があると述べています。

人は不正行為をＡＩに委任することで、罪悪感を覚えにくくなるという驚きの研究がありま す。[29]この研究では、参加者はサイコロを振り、その結果を検査者に報告します。参加者は、出た目に応じて報酬を受け取ることができます。

たとえば、「6」と報告すると最高額の報酬が得られます。サイコロの目を自己申告する際、嘘をついて数字が高い目を報告することも可能で、人間が出たサイコロの目を自己申告する場合と、ＡＩに報告を委任する場合とで不正率に差が出るかが比較されています。実験の条件は、次の四つです。

条件1．自分が直接報告する（自己申告）
条件2．自分が決めた値をそのままＡＩに報告させる
条件3．自分が与えた条件で学習させたＡＩに報告させる
条件4．ゴールだけ指示してＡＩに報告させる

条件2については、「サイコロの目が1なら○で報告」と参加者が明確に不正を指示します。条件3と条件4では、AIにより不正の判断を委ねる形になります。

実験の結果、条件1の自己申告の場合は不正率が5%でした。しかし、AIにただ報告をさせるだけ（条件2）でも不正率は24%に上がり、AIに「利益を最大化せよ」などとゴールだけを指示した場合（条件4）には、不正率が83%にまで跳ね上がったのです。

ちなみにこの実験では、他人（人間エージェント）に不正を働くよう指示を出すケースも検証されました。その結果、人間エージェントの場合は不正をお願いされても半数以上が指示に従いませんでした。不正を実行することで自分にも報酬が得られる条件だったにも関わらず、です。正直に報告するよう指示された場合、人間エージェントの98%が従いました。一方でAIに不正を指示した場合、AIは従順に従い、ほぼ100%が不正を働いたと報告されたのです。

他にも、カーネギーメロン大学の白土寛和氏が率いた実験では、自動運転などのAIアシスタントが人間の行動にどのような影響を与えるのかが詳しく観察されました[30]。実験の内容は、こうです。参加者はオンラインで実験に参加し、遠隔で動くロボットカーを運転するように指示されます。二人の参加者がペアとなり、それぞれが運転する車が単一車線の道路に対面するように置かれ、同時に発進します。

つまりハンドルを切らなければ2台の車は正面衝突してしまう、チキンレースのような状況です(図8)。実験は合計10ラウンド行われ、そのあいだペアは変わりません。

ちなみに、この実験で重要な要素は二つあります。

1 速くゴールに到達するほど、報酬が高まるルールが設けられていること
2 車が3種類——手動運転の車(自動運転車)、自動ブレーキが搭載された車(自動ブレーキ車)、自動運転システムが搭載された車(自動運転車)——あり、ラウンドによって運転する車が変わること

実験の結果、自動ブレーキ車を運転した参加者は他者に道を譲る傾向があった一方で、自動運転車の参加者は道を譲らずに直進するなど、自己中心的な行動を取る傾向が強くなりました。

手動運転車の参加者同士の場合、互いに道を譲り合い、協調行動が保たれる傾向が見られました。具体的には、片方が譲ったら、次のラウンドではもう片方が譲るといった形で交互に報酬が取れるようにしていたのです。

しかし、自動運転車が導入されると、衝突のリスクが低減されるため、参加者は相手に道を譲る必要を感じなくなり、人間同士が自然に作り出した協調の規範が崩れてしまったのです。

図8.白土寛和氏の研究のイメージ図

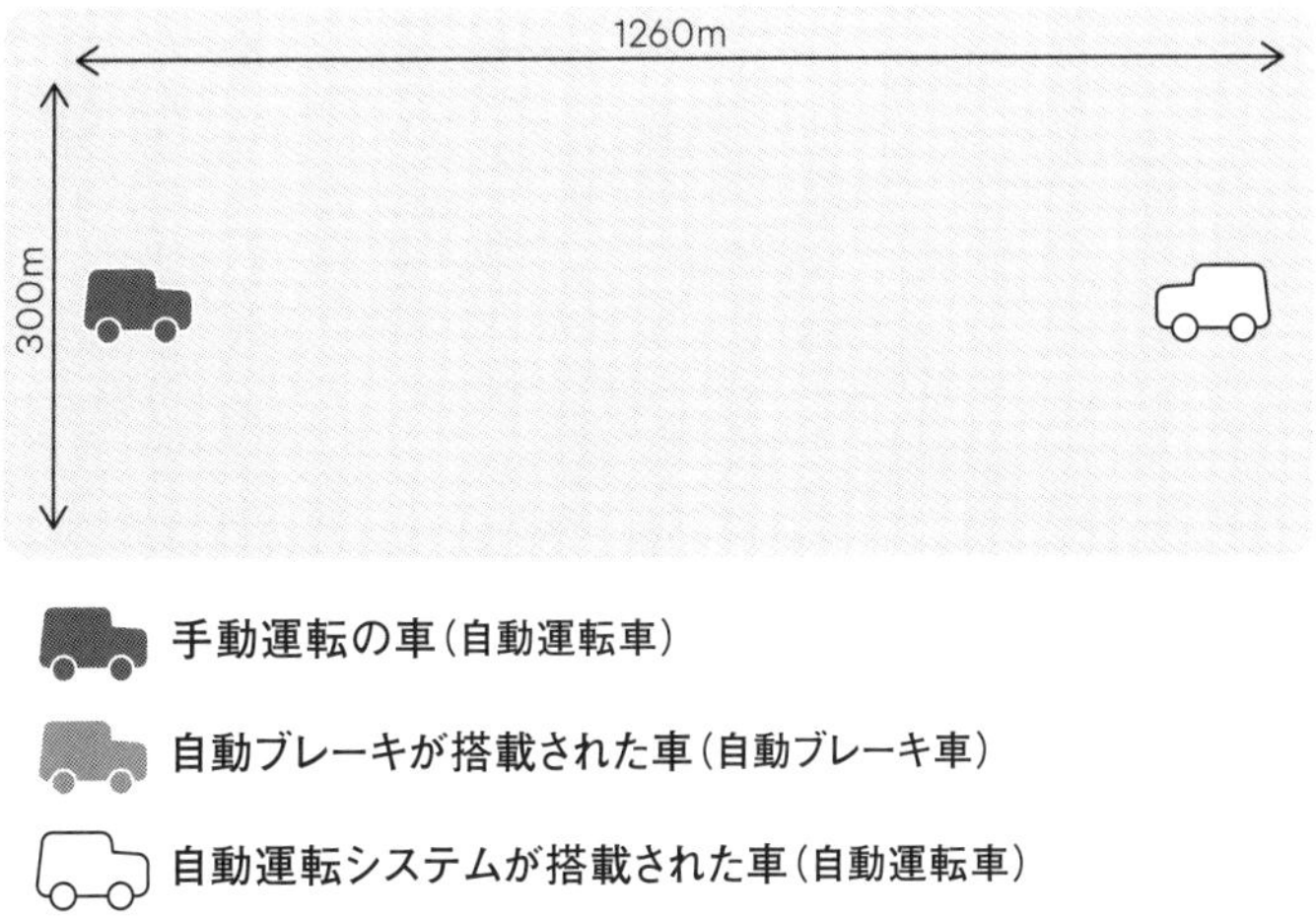

自動運転車の参加者は、手動運転車に戻されたあとも依然として協調行動が減少したままであり、自動運転車の影響が残存する傾向が見られたこともわかっています。このことは、自動運転システムなどのAIが一度導入されると、人間の協調や譲り合いの行動規範に中長期的な影響を及ぼす可能性があると示唆しています。

AIが人と居合わせる中で、人の挙動が変わっていく。そして、場合によっては、社会に悪弊をもたらす危険性は数々の学者たちが指摘しています。

しかし、「逆も可なり」です。他の実験では、あえてミスをするロボットを人に見せかけてグループワークに参加させることで、チームの協調性が高まることもわかっています。[31]

AIにいかに倫理観をもたらすか、あるいは

ＡＩの暴走をあらかじめ食い止めるようなガードレール*の設計については、今、議論や研究が続いています。巷では「ＡＩをどう使いこなすか」という話で溢れていますが、スマホが私たちを変えたようにＡＩも私たちを変えていきます。真剣にＡＩとの共生を考えなければならない時代がやってきているのです。

6 AIと仕事

テクノロジーは本当に人を平等にしたのか

AIとセットで語られるキーワードに、「失業」があります。巷では、「AIによって大失業時代が到来する」といった予想がまことしやかに口にされていますが、専門家たちはどのように考えているのでしょうか。

結論から言えば、専門家のあいだでも意見が分かれています。ゆえにいくつか専門家の指摘を比較しながら、バランスの取れた見方ができるよう意識するのが大事です。でなければ、「AIが仕事を奪う」といった煽り調子のコンテンツにひたすら舞い踊らされることになってしまいま

＊ ガードレール：AIが安全かつ倫理的に動作するように設けられる規範や制約のこと。

す。

まずは2024年にノーベル経済学賞を受賞した一人、MITの教授であり経済学者のダロン・アセモグルが、どのようにAI社会を考えているか見てみましょう。彼は共著『技術革新と不平等の1000年史』(早川書房)において、AIを含むこれまでの技術革新は必ずしも社会全体に利益をもたらしてきたわけではないと説いています。[32] 歴史を振り返ると、一部の人々だけが生産性を飛躍させる新技術を利用して権力を拡大し、労働者との経済的な格差は広まったのだと述べているのです。

彼は本書の中で、「生産性バンドワゴン」という概念を持ち出しています。「テクノロジーの進歩は社会全体に恩恵をもたらす」という楽観主義の根底には、「生産性を高める技術が生まれたら賃金も上がる」という考えがあると彼は指摘しています。

バンドワゴンとは、もともとパレードの先頭にいる楽団を乗せた馬車のことですが、アセモグルはAIを始めとする新たな革命が起こるたびに人々が熱狂的になり、多くの人が盲目的にその馬車についていくことをこの言葉を使って揶揄しているわけです。しかし、盲目的ゆえに、全体としての長期的なメリットを考えず、労働者を犠牲にしてしまう側面があります。

アセモグルは、AIそのものの価値や可能性を否定しているわけではありません。彼はひとえに、テクノロジーに対しての「選択」が重要なのだと説きます。単に新たなテクノロジーを労働者の搾取や監視のために使うのか、新たな生産的な仕事を生み出すために使うのかが問われているとーー。

しかし、その選択権を持つのが資本主義の社会においてはごく少数の資本家であることが大きな問題だ、とアセモグルは指摘しています。

テクノロジーが新たな雇用を生み出す

次に紹介したいのが、ニューヨーク大学スターン経営大学院教授のスコット・ギャロウェイです。歯に衣着せぬ物言いでテック企業を手厳しく批判することから、米国ではテック業界における〝ご意見番〟として知られています。

彼は自身のポッドキャスト番組で、「テクノロジーの影響で失業などの問題が生まれたとしても、すぐに新たな市場が生まれて雇用は増加に転じていく」と語っています。

たとえば自動車が登場したことで、馬車のニーズは下がりました。これによって一定の失業者は生まれたものの、自動車の登場によって新たに生まれた産業もあり、これらの産業が雇用を促しているとギャロウェイは言います。

具体的には、車内の内装に関する製品、運転制御などのテクノロジー、車を使った新たな娯楽(カスタムやカーレースなど)が当てはまります。ギャロウェイは、歴史的に見れば新たな技術は新たな仕事を産み出しているものの、新たな技術が到来した当初はそうした雇用の創出が起きることを想像するのは難しいとも述べています。ギャロウェイは実際に米労働統計局のデータを提示し、昨今の米国の失業率は歴史的にもかなり低い水準にあるとも付け加えています。[33][34]

1850年、米国の5人に3人が農業に従事していた。だが、1970年にはその数は20人に1人以下に減った。トラクターから農薬保存剤まで、技術革新がもたらした効率化は米国の大半の仕事を消滅させる破壊者だったのだ。だがその空白を埋めたのは他の新たな仕事だ。何千万人もの米国人を雇用する、数々の産業が生まれたのである。

マッキンゼー・グローバル・インスティチュートが2017年に公開したレポートでは、AIなどによる自動化によって米国にある仕事の3分の1がなくなるものの、それ以上に雇用が生み出されると予測しています。[35] また、2030年の労働需要の8~9%は、これまで存在しなかった新しい職業によるものになるだろうとも書かれています。

ギャロウェイは、技術革新によって失業者が生まれるにしても、技術革新によって生まれた利益の一部を働き手のリスキリングなどの支援に充てたり、公共事業を増やすことで技術シフトの移行期を乗り越えるべきだと主張しています。[33]

古代ギリシャ人にはそれがわかっていた。技術がもたらした失業を補うために、多くの公共事業を創出し、数千人の雇用を作り出した。パルテノン神殿を始めとする数々の歴史的傑作はそれらの賜物だ。

ＡＩが人々の雇用を脅かすことについて、昨今のメディアは煽りすぎている印象も拭えません。これもひとえに、ネガティブな情報に私たちが強く反応するからですが、ＡＩを始めとした新たな技術がもたらす影響については大局的な視点で見るべきです。新たなテクノロジーを頑なに拒むラッダイトになる必要もなければ、新たなテクノロジーに怯える必要もありません。ただ、技術革新がもたらす影響について意識しながらも、自分がどんなキャリアを歩むのかは考えておくべきなのかもしれません。

たとえば、現状の仕事をしながら違う副業（複業）をすることもそうですし、住む場所を思い切って変えれば新たなビジネスの可能性も見つかるかもしれません。リモートワークが普及した今、はっきり言ってこれらの行動のハードルは格段に下がりました。ですから、今の仕事だけに忙殺されるのではなく、次の仕事の可能性を探すことも重要ですし、その転換のための時間やエネルギーは、戦略的〝暇〟の実践から生まれるのだと信じています。

環境の変化にどう適応するか――この話になると、僕はいつもサッカー漫画『ファンタジスタ』（小学館）に出てくるある言葉を思い出します。[36]

二流の選手は環境の変化に対応できない……一流は、それに逆らわない……そして、超一流は、それを利用する！

PART 2

これからのデジタル社会をどう生きるか

第4章

現代特有の脳疲労を癒やす「新しい休み方」

STEP1：DD

本当の発見の旅とは、
新しい景色を探すことではなく、
新しい目を持つことだ。

――マルセル・プルースト

PART1では「私たちはどこから来たのか」というテーマで、私たちが今置かれている社会の様相を俯瞰しながら、資本主義に基づいたデジタル社会の問題点を考え、医学や生物学、社会学的な観点から角度を変えながら見てきました。
さて、次はどこに向かおうとしているのか――。

私たちが向かうべきは、「満ち足りた余暇社会」です。余暇社会とは、単に憂さ晴らしや暇つぶし的に消費される悪質な暇ではなく、プロセスそのものに喜びを伴い、自分の未知なる可能性を追い求め、心身を充電させる回復期間にもなる「良質な暇」で満ち足りた社会を指しています。

AIが現れようが、何が現れようが、充足した心身状態で、大切な人たちと過ごす時間、趣味やライフワークに没頭する時間など、謳歌できる時間を増やすことこそ最優先事項として掲げられるべきです。

さらに、テクノロジーも、それを織り込む社会も、その目的に見合った形で設計・導入されなければなりませんし、私たちもそんな社会に向かっていくために能動的に自分にできることから始めていくべきです。

第4章では、いよいよ毎日の生活に変革を起こすための戦略的〝暇〟の三つのステップの一つ目をお届けします。

1 「依存」ではなく「共存」する

現代を鳥の目で眺める

まず戦略的〝暇〟のSTEP1として始めるべきなのが、新しい休み方である「デジタルデトックス（DD）」です。

この言葉を聞いたときの反応は幅広く、中には一切のデジタル機器を絶って生きていく、人里離れた電波の届かない場所で長時間過ごすといったストイックな行為を連想する方も少なくありません。

この場合、スマホ依存などの問題を直線的な思考で考えている可能性があります。図にすると、次の通りです（図9）。

図9. 直線的な思考でスマホ依存などの問題を捉えた場合

認知されている問題	原因（悪者）の特定	解決案
デジタル疲れ →	本人の意志が弱いからだ！ ゲームやSNSのせいだ！ デジタル機器がダメなんだ！ →	「意志を強く持つ」などの精神論 サービス提供側への批判 ムリなデジタルデトックス 非現実的な自然回帰思考

その場しのぎの解決策しか生まれない！

第2章でお話しした通り、私たち人間はスマホを通してランダムに送りつけられる情報刺激には、なかなか抗えません（108ページ参照）。「意志を強く持つ」だけでは、この問題には到底立ち向かえないのです。

また、すでにデジタル機器を駆使した生活が当たり前となった今日、闇雲にそれらから離れようとすれば、デジタル機器によって誰かと繋がれる時間や自分の活動について発信する機会、ひいてはデジタル機器がもたらす豊かな時間までも自ら奪うことになります。つまり、対症療法的なアプローチでは限界があるのです。

しかし冒頭でもお伝えしたように、世間ではDDについての誤解がまだまだ多いようです。DDにまつわる誤解を感じた体験談をお話ししましょう。

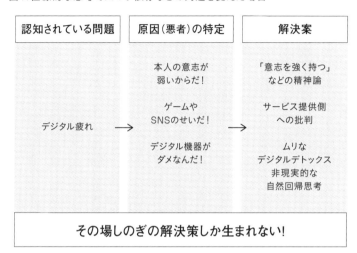

2021年、AbemaTVに生出演したときのこと。DDについて説明をしていると出演者のお一人から、「でもデジタル機器から離れていても、自分の抱えている悩みが解決するわけじゃないですよね？」とコメントをいただきました。要はDDとは単なる逃げであり、人生の問題を何一つ解決しないのではないかと、こんなことを指摘されたかったのかなと思います。

当時はどう答えればよいかと考えているあいだに話が進んでしまったのでうまく答えられませんでしたが、この問いに今改めて答えるとするならばこう言うでしょう。

問題が解決するわけじゃないですよ。DDは単なる休息ですから

睡眠だってそう。栄養満点のご飯を食べるのだってそう。趣味に没頭したり、温泉でのんびりしても、自分の悩みが自動的に解決されるわけではありません。

もし、これをすれば（または買えば）悩みが解決するなんてものがあれば、それはおそらく詐欺か何かです。睡眠であれ食事であれ、そしてDDであれ、休息は問題を解決するわけではありませんが、そのための英気を養ってくれたり、問題を解決するための新しい視点がスッと降りてくることだってあります。それは、人生にとって不可欠な時間ではないでしょうか。休息は、逃げではないのです。

デジタル時代の休息術であるDD

以上を踏まえて、DDJではDDを次のように定義しています。

①一定期間、スマホやPCなどのデジタル機器と距離を置くことで、脳疲労など心身にかかるストレスを軽減し、現実世界でのコミュニケーションや自然との繋がりにフォーカスすること

②デジタル機器利用時には、できるだけ心身への負荷がかからないような使い方をすること

永遠に手放す、のではなく「一定期間」というのがポイントです。デジタル機器に依存するのではなく、共存するための休息がDDなのです。

DDをするべき理由はシンプルで、これまでに述べた通り現代人の多くが脳疲労を抱えているから。そして現代において脳疲労をもたらす主な要因は、スマホなどのデジタル機器です。デジタル機器から断続的に新しい情報がランダムに届けられ、私たちは生物学的に強く反応してしまうため、自分は休んでいるつもりだと思っても脳は慌ただしく情報処理をしている状態。まったく休めていないのです。

DMNと古代の「三上」——驚くべき共通点

自らの身体感覚が、外部の環境に合わせてどう変化していくか。その観察力に長けていた先人は、アイデアが浮かぶ三つの場所——馬上、枕上《ちんじょう》（＝寝室）、厠上《しじょう》（＝トイレ）——を「三上《さんじょう》」と名づけました。

この言葉の由来は古く、西暦1000年初頭を生きた中国の詩人、欧陽脩《おうようしゅう》が「三上は文章がよく浮かぶ場所」として『帰田録』に記しています。

馬上は、今で言えば「移動中」に置き換えられるでしょう。これら三上は特定のタスクから離れて、ぼんやりとした状態に入りやすい状況とも言えます。DMN（デフォルト・モード・ネットワーク）が発動しやすい空間だと思いませんか？

しかし、多くの人がこの三上にスマホを持ち込んでいます。三上へのスマホの持ち込みが日常化している場合、脳が休めないばかりかアイデアが着陸するスペースを自ら奪っていることになりかねません。非常に勿体ないことです。まずは三上にスマホを持ち込まないようにするだけでも、大きな発見が得られるかもしれません。

これまでDDJが開催したプログラムでは、自然豊かな場所でスマホやスマートウォッチなどの一切のデジタル機器を手放してもらい、デジタル上の情報刺激から離れて、脳を休める時間を作り出します。ただ、それだけでは反芻思考に陥る可能性があるので、マインドフルネス瞑想の時間やウォーキング、工芸体験などのアクティビティ、参加者同士のシェアリングといった、何かに没頭しやすい時間も必ず取り入れて、バランスを取るようにしています。

一方で特に何もすることがない空白の時間も取り入れていますが、ここでDMNがほどよく働いてくれるようなプログラム設計をしています。脳という人間が持つ最古のデバイスもスマホ同様、使い方のバランスが大事なのですね。

私たちはすでにスマホと一体である

同じくAbemaTVに出演された実業家の堀江貴文氏は「デジタルデトックス」と聞いて、「デジタルのない時代に戻るなんて、まっぴらごめんだよ！」とおっしゃいました。ええ、僕も同じ気持ちです。いつでも誰とでも繋がれる、そして世界中の情報にアクセスできるデジタル機器を手放すのは、僕だって「まっぴらごめん」です。

しかし、どうもDDという言葉を聞くと、人は「反デジタル」のコンセプトだと直感的に思うようです。あるいは、人によっては「人が主人であり、技術を従属させる」といったニュアンスでDDを語る人もいますが、これもバイアスがかかった見方です。

テクノロジーは人間の作り出したものだから人間が思うように使いこなせるという考え方は、

「技術の道具説」*と呼ばれており、直感的にこのような価値観を抱くことには注意が必要です。なぜなら、人類が生み出したテクノロジーは人や社会のあり方を大きく変えうるからです。テクノロジーもまた、人を変化させているのです。

「スマホはヒトの一部」。DDの活動をしていることもあって、こう言うと驚かれることもあります。それでも、使う・使われるの関係ではすでにないのです。ここから少し、哲学の視点からデジタル機器と私たちの関係を覗き込んでみましょう。

哲学者のアンディ・クラークは、「Extended Mind《延長された心》」と呼ばれる理論を提唱したことで知られています。これは人の心が脳内の活動だけで完結するのではなく、身体や環境との相互作用によって成り立つとする考え方です。

2003年に彼が著した『生まれながらのサイボーグ』(春秋社)は、人と技術の関係について切り込んでおり、大きな気づきを与えてくれます。[1]同書は、衝撃的な一文から始まります。

> わたしの体は電子的処女である。わたしはシリコンチップも、網膜インプラントや内耳インプラントも、ペースメーカーも内蔵していない。メガネすら掛けてはいない(服は着ているが)。しかしわたしは、ゆっくりと着実に、サイボーグになりつつある。

タイトル通り、私たち人間は生まれながらにしてサイボーグになっていく存在だとクラークは述べています。サイボーグと言うと、機械の体や脳内チップなど、そんなイメージを浮かべますよね。しかしクラークはテクノロジーと人体が一体化していなくても、私たちはすでにサイボーグであると言っています。いったい、どういうことなのか。クラークは、猫のエピソードを交えて説明しています。

たとえば、猫の居場所がすぐにわかるようにGPSチップを猫の体内に埋め込んだとしましょう。猫の体はGPSと一体化していますが、猫の行動や意識に大きな変化は起こりません。

しかし、人がスマホを手にするとどうでしょうか。知らない場所を訪れるときにナビアプリを使ったり、遠く離れた人と連絡を取り合ったりと、これまでとはまったく違う認知をして、行動を取るようになります。そして、それらができることを前提に人や社会そのもののありようが変わっていきます。その変化の大きさについては、これまでに述べてきた通りです。

＊技術の道具説：技術哲学の世界において、テクノロジーは人間が目的達成のために使う道具にすぎず、私たちはそれを使いこなせる、使いこなすべきであるという見方のこと。直感的にはそのようにも思えますが、実際、ある技術が現れるとそれによって社会のありようは大きく変わってきました。ですから、自分とは分離したただの道具としてデジタル技術を捉えるよりも、すでに社会に内包されていて、私たちは確かな影響を受けている、互いに相互変容していると考えるのが自然だと考えられています。

クラークがここで伝えようとしているのは、人は猫とは異なりテクノロジーを自分の一部として取り込み、能力を拡張させている点です。その意味では、人はすでに外部の力を使ってサイボーグ化しているのだと彼は説いています。

繰り返しますが、私たちはスマホを使う、スマホに使われるといった関係性で生きているのではありません。すでに私たちは「スマホと共にあり」、今後は「AIと共にある」のです。

ですから、私たちはテクノロジーとの関係を常に抱き合わせで考え、デジタル技術と共にある私たちが今どんな状態なのかを問いかけ、「依存」ではなく「共存」の状態でいられるよう、バランスを保つ必要があるのです。では、そのバランスをどのように保てば良いのか、次項で考えてみることにします。

分水嶺を用いて考える

デジタル技術と今後も共にある私たちが、どのように健全なバランスを保っていくのか。そのことを考えるうえで大きなヒントになるのが、哲学者イヴァン・イリイチの教えです。

私たちは、「技術や生産性の向上」によって自身の生活の安全や幸福を得られると信じてきました。しかしイリイチは、産業社会に生きる私たちが効率性を求めるあまり、自立性を損ない、かえって不益が生み出される状況を「反生産性」という概念を用いて批判しました。ある技術や制度が本来の目的を達成する以上に、逆効果をもたらしてしまう状態のことです。

イリイチは「医原病」を提唱したことでも知られ、医療システムが拡大することで人々が過度に医療依存し、自らの健康管理能力を低下させていく状況を憂いていました。さらに病気や健康の定義が医療に委ねられることで、自らの人生や健康に対する主体性が失われるとも批判していました。

また、著書『脱学校の社会』（東京創元社）においては、教育が自然な学びのプロセスを妨げ、個人が本来持っている好奇心や学習意欲を阻害していると述べています。[2]「便利への信仰」がもたらす弊害について、実に早くから注意喚起をしていた人物なのです。

インターネットが普及し、デジタル機器が利便化されるにつれて、これらのサービスの提供側が「便利とは何か」を定義するようになりました。そして、私たちは「便利でなければいけない」という強迫観念さえも植えつけられてしまっているのです。

インターネットは大量の情報にアクセスできる環境を与えてくれましたが、反対にジャンクな情報も溢れ、本当に自分が必要とする情報にアクセスすることが難しくなりました。

このようにインターネットやデジタル機器によって、必ずしも私たちの生活のすべてが生産性のあるものになったわけではありません。便利なスマホでついついＳＮＳを眺めて、時間を溶かしてしまうのはその典型的な例です。

イリイチの展開する理論の中でも、「コンヴィヴィアリティ」(自立共生の意)は重要です。コンヴィヴィアリティとは、人々が単なる消費者としてではなく、自身の達成したい目的に対して、道具を選ぶ自由とも言い換えられます。

イリイチの研究で知られるデザイン・エンジニアの緒方壽人《ひさと》氏は著書『コンヴィヴィアル・テクノロジー』(ビー・エヌ・エヌ)において、イリイチの思想を端的に示しています[3]。

〈中略〉道具が人間の主体性を失わせることなくその能力や創造性を最大限にエンパワーしてくれる「コンヴィヴィアル」な道具となるのか、もしくは、人間を操作し、依存させ、隷属させるような支配的な道具になるのか、それを分けるものが「一つの分岐点」ではなく「二つの分水嶺」であるということである。

デジタル技術との関係を二つの分水嶺《ぶんすいれい》の比喩で捉えることは、自分とテクノロジーとの関係に過不足がないかを探るうえで、有効です。

第一の分水嶺を下回れば、デジタル技術がないため(あるいは使いこなしていないため)に、大きな機会損失が生まれている可能性があります。反対に第二の分水嶺を上回ってしまえば、デジタル技術との関わり方が原因で、自らのウェルビーイングが損なわれているということです。

図10.分水嶺のイメージ図

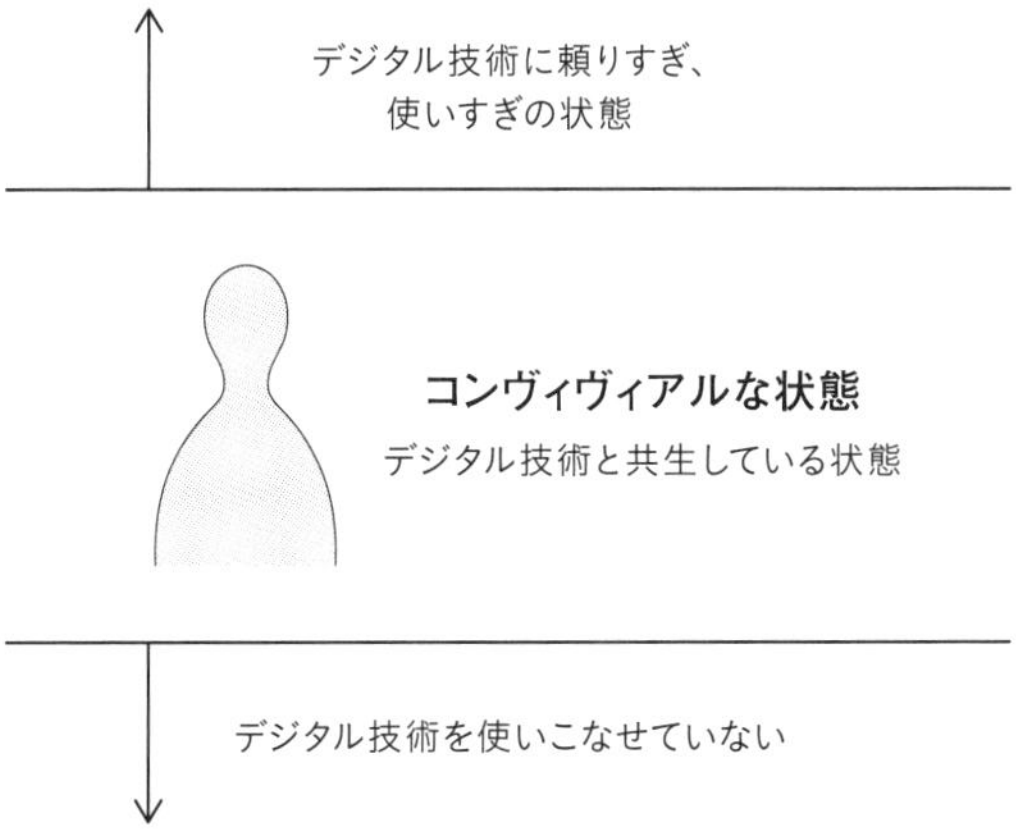

この二つの分水嶺のあいだでバランスを取り続けることこそがテクノロジーと共生している状態であり、コンヴィヴィアルな状態なのだとも言えます（図10）。

緒方氏はテクノロジーが進化し続ける今、私たちと技術が「コンヴィヴィアルな関係にあるかどうか」を問うために六つの問いを掲げています。私たちがテクノロジーとの関係を振り返るうえでも非常に有用な問いなので、ここでご紹介します。

そのテクノロジーは、人間から自然環境の中で生きる力を奪っていないか？
そのテクノロジーは、他にかわるものがない独占をもたらし、人間を依存させていないか？
そのテクノロジーは、プログラム通りに人間を操作し、人間を思考停止させていないか？
そのテクノロジーは、操作する側とされる側という二極化と格差を生んでいないか？
そのテクノロジーは、すでにあるものの価値を過剰な速さでただ陳腐化させていないか？
そのテクノロジーに、わたしたちはフラストレーションや違和感を感じてはいないか？

――『コンヴィヴィアル・テクノロジー』

このコンヴィヴィアリティの考え方が、DDの根幹にあります。緒方氏が指摘している通り、「分岐点（使うか・使わないか）」ではなく、「分水嶺（デジタルと共にある私たちが今どの状態にあるのか）」で考えることを大切にしています。そして、そのバランスは個々で異なるものです。

DDは最適なバランスを探るために一度すべてOFFにしてみる、そんな実験でもあります。DDイベントに参加された方の多くは、「こんなにこのアプリを使う必要はなかった」「逆にこのアプリはないと不便だなと思った」など、スマホの中でも必要なアプリとそうでないアプリの見分けがつけやすくなると語っています。高速で回り続ける毎日の中で、なかなかこのような棚卸し作業をするのは難しいものです。

ですから、DDで作った余白で自分自身と対話をしながら、デジタル機器との最適な付き合い方を摑んでいくことをおすすめします。DDの具体的な実践方法については、巻末にまとめておきますので、ぜひ一度試してみてください。

2 現代人が陥る「情報の新型栄養失調」

情報の栄養バランスに注意

「新型栄養失調」とは、私たちの生命活動に必要なカロリーは充分足りている反面、ビタミンやミネラルなど必要な栄養素の摂取量が不足している状態のことです。

極端な粗食や偏食が原因とされており、免疫力や運動機能の低下などの大きなリスクを孕んでいます。従来の栄養失調は食事から得るカロリーがそもそも足りていない状態なのですが、摂取カロリーは足りていても（過剰に摂取していても）、特定の栄養素が足りていないことから生じます。実は、栄養失調は食料が慢性的に不足していた時代の話だけではないのです。

ここから転じ、情報の新型栄養失調という造語が指し示すのは、「充分すぎる量の情報を消費しているのに、その情報バランスは偏っており、自身のメンタルヘルスを損ねている状態」です。

これまでの章で触れた通り、ネット上で得る情報は自分の興味・関心のあることがメインかつ、その情報も非常にかいつまんで説明されたもの（加工されたもの）が多いです。

そして、アルゴリズムによって「自分が関心を持つと思われる情報」が優先的に送り届けられるため、消費する情報のバランスを欠くことに繋がります。ニュースメディアやＳＮＳに出回る情報の中には読者の不安や注意を過度に煽るジャンクな情報も多いため、刺激はあれど人生においては役に立たない情報を貪り続けるのは避けたいものです。

自分が口にするものに何が入っているのか意識をする人は多いものの、情報にはそのような成分表示はされていません。最近、ショート動画がよく出回るようになりましたが、ファクトチェックが不充分なコンテンツも多く、事実誤認どころか視聴回数を増やすために事実を誇張、歪曲しているような動画も見受けられます。英語には〝You are what you eat〟《あなたはあなたの食べるものでできている》という言葉がありますが、私たちの脳は情報を食べて、その情報から目の前の世界を形作っていきます。

現代人の情報における栄養バランスは非常に悪くなりがちだと自覚したうえで、意識的に情報の好き嫌いをなくして幅広い情報を摂取する必要があるのです。

スローメディアの重要性

近年、速報性を優先したストレート・ニュースを発信するメディアだけではなく、綿密な取材や洞察に基づいたコンテンツを発信するスローメディアの重要性が高まっています。スローメディアはスローフード運動に影響を受けており、まさに食事と同じく情報の量や提供される速さよりも質を重視しています。

米メディア「ニューヨーカー」「ニューヨーク・タイムズ」「アトランティック」などは、即時的な内容を伝えるよりも情報の信憑性や独自の深い分析を信条とし、長編記事が多く掲載されています。

また、日本国内の情報だけだとどうしても視野が狭くなりがち。事実、DDに関しても海外メディアのほうがいち早く取り上げていたのに対して、日本でDDについての報道をよく見かけるようになったのはコロナ禍以降のことでした。

今はネット上で記事を翻訳して読むこともできるので、海外のニュースメディアを覗いてみるだけでも発見が得られるでしょう。人と異なる情報を掴むことは、人生においても大きなアドバンテージになります。

スローメディアは、読み応えのあるボリュームの記事が多く、確かに記事を読むには労力を要します。しかし、ゆっくり咀嚼《そしゃく》しながら読むからこそ得られる学びや気づきもあり、自分自身の栄養になります。食事と同じく、「よく噛《か》んで食べる」ことは大事なのです。

3 DDで情報量が「増える」

ネットの情報は大量だけど、均一的

DDの必要性について懐疑的な人たちからは、「DDをしているとデジタル上で有用な情報を得る機会をみすみす逃してしまう」と意見をいただくことがあります。確かに、こういった気持ちになるのもわからなくはありません。

しかし、情報というのはデジタル上で見かける記事や動画といった類のものに収まりません。誰かと話していて得られる気づきも情報ですし、自分の内から発せられる体感や直感のようなものこそ、見すごすべきではない情報です。

情報を「私たちが行動をする際の判断基準となるもの」だと定義すると、情報に類するものは非常に幅広く、中には「論理的には説明がつかないもの」も含まれます。「第六感」などが、まさにそうですね。

そもそも、自然界で得られる情報は五感を通して感じられるのに対し、デジタル上で用いるのは視覚と聴覚と極めて限定的です。スマホを手放してみるだけで、実は身の回りには（あるいは自分の中には）たくさんのリッチな情報があることに気づくはずです。

現代のデジタル社会においても、情報の流通量だけで言えば非常に多いのでリッチな情報といえるかもしれません。しかし、ほとんどはデジタル上で多くの人に届けるために最適化されるので似たような形が取られています。つまり表現としては、「均一的な情報が大量にある」が正しいでしょう。

たとえば、書籍や記事でよく見る「～が○割」「～するための○つの方法」といった紋切型の見出しもその一つ。ひとたびこのような見出しが多くの人の注意を引くとわかると、似たような見出しが大量に出回るようになります。これは見出しだけでなく、コンテンツそのものにも同じ傾向が当てはまります。ネット記事では「まとめ記事」やリスティクル記事*が増えましたが、これも大量かつ均一的な情報をいかに整理して、効率よく消費してもらうのか考慮された末に生まれたコンテンツ形態です。

＊　リスティクル記事：list（リスト）とarticle（記事）から成る造語。「○○のための10の方法」などの見出しをつけた事実のみを列挙したまとめ記事。

都市部は情報が少ない

『バカの壁』（新潮新書）などの著作で知られる解剖学者の養老孟司氏は、「脳化社会」という用語を用いて、人工物にまみれた都市は情報量が非常に少ないと説きました。養老氏は「身体的な情報と頭の中の概念的な情報」のバランスを取ることが重要なのにも関わらず、現代に生きる私たちは頭の中の情報だけに偏っているとも指摘しています。

街の中の道はどこも平坦で、周りも似たような人工物ばかり。一方、自然の道は起伏に富んでいて、見える景色も聞こえてくる音も、天候も、そこに暮らす生き物も多種多様です。

自然の中にいると五感から膨大な情報が入ってきますが、都市化やデジタル化の過程でそれらは削ぎ落とされます。それどころか、五感そのものや五感が生み出す感情までもノイズとして排除されているとも感じます。そもそも満員電車の中で「さぁ、五感を存分に使おう」なんて、思えませんよね。私たちが五感を塞いでしまうのも無理ないことです。

身体的な情報が遮断された都市やデジタルの中で生活する現代人は、自然の持つ柔軟さや予測不可能性から遠ざかってしまい、次第に変化（ランダム性）に対して脆弱になっていく。ヒトが、自らを家畜化しているように思えます。

調和の取れた自然界の情報

デジタル世界や都市部のように一見すると大量にあるが、よく見ると均一的な情報にまみれた世界とは反対に、自然は幅広い情報に溢れています。その一例として、ピンクノイズがあります。これは、音の周波数に反比例し、高い周波数の音ほど弱くなるノイズで、強い雨や滝の音が特徴的です。リラックス効果や集中力アップなどの効果があることから、生活BGMとして使っている方もいるのではないでしょうか。

ピンクノイズは、自然界の音(風の音、雨の音、波の音など)に近いと言われており、どの周波数帯もバランス良く鳴っています。おそらく、私たちがデジタル上で消費している情報をマッピングすると、周波数帯の一つの山だけが異様に盛り上がっているでしょう。そう考えると、デジタル世界(あるいは都市部)のほうが情報は均一的で、ある意味では脳はそれに退屈しているとも言えます(198ページの図11)。

「f《エフ》分《ぶん》の1揺《いちゆ》らぎ」も、自然で得られるリッチな情報です。これは自然界や人体などさまざまな現象において見られる特性で、一定のリズムやランダムさを含みながらも、心地良く感じられるリズムや変動のパターンを指します。規則性と不規則性が絶妙に組み合わされており、リラックス効果があるとされています。

図11.自然界の情報とデジタル・都市の情報の比較イメージ図

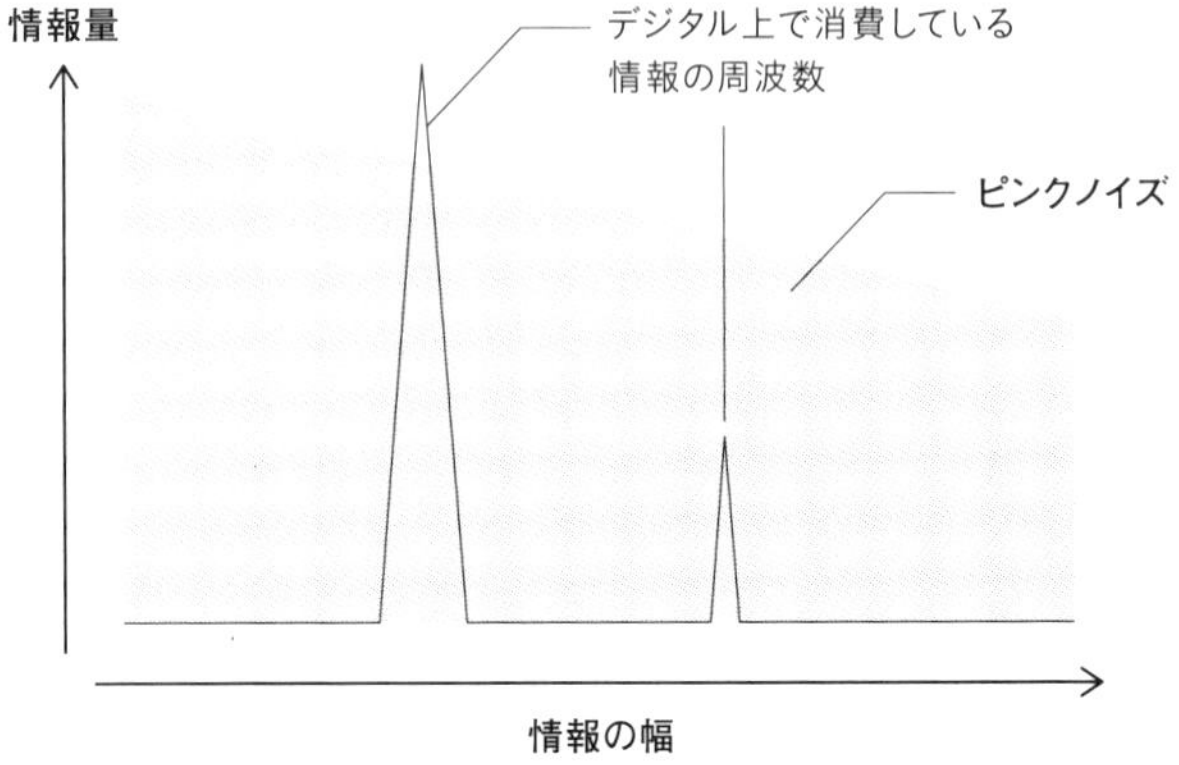

日本の水墨画などの伝統絵画にも、f分の1揺らぎに近い構図が見られます。自然のリズムを模倣しているからこそ、見る者に安らぎを与えるのかもしれません。

また、自然の中には多くの「フラクタル（図形の一部分と全体が自己相似する幾何学模様）」があり、これにもリラックス効果があると言われています。[4]

人体の組織に着目しても、人体の血管構造や腸の内壁など、フラクタルな部分が多くあります。私たちが自然の中で安らぎを感じられるのは、フラクタル構造を多く持つ人体と自然が共鳴するからかもしれません。

脳疲労で狂った五感を癒やす

日本古来より伝わる、「六根清浄《ろっこんしょうじょう》」という言葉があります。これは、私たちが持つ感覚器官を清らかな状態にするという意味で、山岳信仰の世界では修行者が「六根清浄」と口にしながら山を登ったことが知られています。六根清浄は、普段の生活でバランスが崩れてしまった感覚器官を自然の中で研ぎ済ませる試みでもあります。

六根清浄には、次のように五感に加えて「意識」、いわゆる「第六感」という概念も含まれており、これらのバランスを取ることで心身は理想的な状態に保たれると信じられてきました。

1 眼《げん》根＝視覚
2 耳《に》根＝聴覚
3 鼻根＝嗅覚
4 舌根＝味覚
5 身根＝触覚
6 意根＝意識

過度な情報（ストレス）にまみれて脳疲労が溜まりやすい現代人は、五感が鈍化したり、異常をきたしたりするリスクを常に抱えています。

五感という定規が狂えば、身体そのものに狂いが生じるのは必至です。味覚を例にすると味の濃いものも濃く感じなくなり、食べ過ぎた結果、生活習慣病を患う。刺激の強い情報も同様に、五感が正常に働かないと、もっと刺激の強いものを求め、脳はさらに疲弊する。そんな悪循環に陥ります。五感を正常に働かせるためにも、脳疲労の軽減(DD)が求められているのです。[5]

五感で情報を味わうことで、新たな情報が生まれることもあります。たとえば、自然の中でDDを行うと想像力がアップすると示唆する研究があります。科学誌「プロスワン」に掲載された興味深い報告を見てみましょう。[6] 被験者たちが4日間、自然の中で一切のデジタル機器を利用せずにハイキングを楽しみながら過ごしたところ、創造性を測るテストの結果がおよそ50%も向上したというのです。これも五感を存分にはたらかせ、崩れていた五感のバランスを正常に戻したからでしょう。

デジタル社会に生きる私たちは完全に「視覚優位」の状態。六根清浄の精神にならい、五感すべてを解放してあげられる場所(自然、美術館、サウナなど)にできるだけ足を運びたいですね。

好きな絵画、好きな香り、好きな感触など自分の五感を喜ばせるものが何か、身体の「お気に入り」を問いかけてみるのも良いかもしれません(これまで取材させていただいた各業界で優れた業績を残している方々は皆、五感を喜ばせる「お気に入り」にこだわり、生活に織り交ぜているように思います)。

SNSに流れてくるショート動画をスクロールすることが本当にリッチな情報を消費しているということなのかを自らに問いつつ、本当にリッチな情報で脳を満たす心がけを大切にしたいものです。

4 情報は外部だけでなく内部にも存在する

内なる「情報の宝庫」――内受容感覚

「情報」と聞くと外に目が向きがちですが、実は私たちの身体にも多くの情報が眠っています。それは、感覚です。私たちには、大きく分けて三つの感覚があります。

・内受容感覚：呼吸、心拍、体温、痛みや胃腸の働きなどに関する感覚
・外受容感覚：視覚や聴覚など外部環境に対しての感覚
・固有感覚：身体部位の位置や方向性の感覚

本書では、自分の内部から発せられる内受容感覚についてお話ししましょう。

内受容感覚とは、身体の中の状態を察知する力のことです。「お腹が空く」「心臓がドキドキする」「膀胱の膨満感を覚える」など、私たちは身体中にあるセンサーが摑んだ情報を得ながら過ご

しています。カリフォルニア大学サンフランシスコ校のヘレン・ウェング博士は「内受容感覚が心身の健康にとって重要なメカニズムであり、内受容感覚からの身体信号を認識することで感情や身体の状態を理解し、調整することができる」と語っています。[7]

「胸が詰まる」「肝を冷やす」「腹の虫が収まらない」など、私たちが普段、何気なく使う感情表現にも、内受容感覚に根ざしたものが多いですよね。実際に、内受容感覚は感情のはたらきにも大きく関わっていると考えられており、内受容感覚に優れた人は、他者の表情を読み取る力が鋭く、他者の感情を敏感に感じ取る力があると示唆されています。[8] つまり、自らの状態を知るだけではなく、社会的に良好な関係を築く際にも内受容感覚が大きく関わっているのです。

しかし、現代社会ではスマホを始めとする外部からの情報刺激（ストレス）が多すぎるゆえ、この内受容感覚がなおざりにされていると考えています。

ゲームに依存している子どもの親御さんから、子どもがゲームをしているときはトイレに行くのも我慢する、お腹が空いていても気づかないといった話を聞いたことがあります。まさに外部からの情報に意識が向かうあまり、内受容感覚がないがしろにされてしまっている状態と言えるでしょう。

DDは現代社会で見すごされがちな内受容感覚を取り戻す時間としても、意義があるのです。

お前はすでに知っている——身体信号仮説

内受容感覚は、直感や潜在意識、第六感と言われるような力を解明するヒントになるかもしれません。

神経科学者アントニオ・ダマシオは、内受容感覚が意思決定において重要な役割を果たすと考え、「ソマティック・マーカー《身体信号》仮説」を提唱しました[9]。

ソマティック・マーカー仮説を検証すべく行われた実験「アイオワ・ギャンブリング課題」では、ゲームの参加者の生体情報を計測し、どれだけ身体的な興奮があるかを調べました[10]。

ゲームのルールは、画面上に表示された四つのカードの山のいずれかからカードを1枚引くというもの。カードを裏返すと、賞金か罰金のどちらかが表示されます。

このゲームでは罰金カードが多い山（ダメな山）と、賞金カードが多い山が実験者によって作為的に分けられており、被験者はそのことを知りません。しかし、ゲームを続けていくと、被験者たちがダメな山からカードを引こうとしたときには、身体から覚醒反応（発汗）が観察されたのです。そして、被験者たちはダメな山を無意識のうちに避けるようになりました。被験者がダメな山の存在を明確に意識したのは、手の発汗が観察されてしばらく経ってからのことでした。

この実験は内受容感覚が被験者の意識よりも早く、ゲームの状況を理解していたことを示唆する事例として知られています。

他にも、こんな話があります。元金融トレーダーのジョン・コーツは、優れた業績を上げるトレーダーは高学歴でIQの高い人ではなく、身体から発せられる信号に敏感な人であると気づきました。

その仮説を検証するために、コーツは金融業界で働く人と金融業界以外で働く人たちを集め、心拍数を測るテストを行いました。

その結果、トレーダーのほうが自分の心拍数を感じ取る力に優れていることが判明します。さらにトレーダーの中でも心拍数を感じ取る力が強い人ほど、「稼ぎが多い」ことがわかったのです。[11]

まさに内受容感覚は、私たちが持つ「内なるテクノロジー」。この内受容感覚の情報にも意識を傾け、適切に汲み取ることができれば、自分と他者の心の機微を察知できるだけでなく、人生における「決断の精度」も高められるのではないでしょうか。

内受容感覚を適切に育むには

とはいえ、内受容感覚はとにかく敏感になれば良いというわけではありません。内受容感覚が鋭敏すぎると、パニック障害や不安症に繋がるとの指摘もあります。反対に、内受容感覚がうまく働かないと、アレキシサイミア《失感情症》(自分の感情に気づいたり、言語化するのが難しい状態)に陥るリスクもあります。つまり、内受容感覚は適切な精度と正確性を持つことが重要なのです。

ブライトン・アンド・サセックス医科大学のヒューゴ・クリッチリー教授は、不安障害の危険性が高い自閉症の大人121人を対象に、内受容感覚を鍛えることでストレスを低減できるか調査しました。

その結果、内受容感覚を鍛えた参加者は、そうでない参加者よりも不安障害の発症率が低く、31%が不安障害から回復したのです(鍛えていない参加者の回復率は、16%に留まった)[12]。

このように内受容感覚の精度と正確性を育むことで、心身にポジティブな効果をもたらすのです。

心と身体を繋ぐ「島皮質」

さて、内受容感覚についてもう少し踏み込むために、次は脳部位に注目してみましょう。内受容感覚には、「島皮質《とうひしつ》」と「前頭前野」が関連しています。

島皮質は、内受容感覚をモニタリングし、意識に上げます。内受容感覚の他、外部刺激や記憶などを統合するハブとしても機能し、感情を作り出すうえで重要な役割を担っています。

さらに、島皮質には脳の機能を切り替える役割もあります。脳にはOFFのネットワークであるDMNと、ONのネットワークであるCENがありましたね（101ページ参照）。この二つのネットワークの切り分けを担うのが「顕著性ネットワーク（SN）」で、島皮質がここでも大きく関わっていると考えられています。島皮質は外界や体調の変化に応じて、どちらのネットワークの働きを優先するか決定する、言わば舵取り役も担っているのです。

他にも、島皮質には闘争・逃走反応を生み出すHPA系（視床下部－下垂体－副腎系）と呼ばれる神経内分泌システムとも密接な繋がりがあります。

ストレスを感知すると、このHPA系が警報器のように作動し、ストレスホルモンであるコルチゾールの分泌を引き起こします。コルチゾールは心拍数を高め、私たちは臨戦態勢に切り替わるわけです。

島皮質が重要なのは、HPA系が発した警告に対して「本当に危険な状況かどうか」を判断するからです。同じ身体反応でも「危機的状況」と捉えるか、「挑戦的な状況」と捉えるかによって、HPA系の活性度が変化すると考えられています。

島皮質以外に理性を司る前頭前野（特に、腹内側前頭前野）も、内受容感覚処理において重要な脳領域だと考えられており、このプロセスで大きく関わってきます。

参謀のように情報を受け、冷静な判断を下す島皮質や前頭前野ですが、HPA系が過度に活動し続けると彼らは疲弊し、HPA系の暴走を止められなくなります（前頭前野は情報の処理を続けることで過労状態に陥ります）。すると、次第にストレスに対処できなくなり、心身に異状をきたしてしまうのです。

つまり、内受容感覚に関連する島皮質や前頭前野は「闘争・逃走反応」がずっと続くことがないように、さまざまな情報をもとに冷静な判断を下します。しかし、このメカニズムは、ストレス社会と呼ばれる現代では乱れやすいうえ、ネット上を飛び交う新奇かつネガティブな情報は私たちのHPA系を常に刺激します。そのため、脳が過労状態になり、よりストレス耐性が下がると次から次へと来るストレスに対処できなくなるという負のループに陥るのです。

この状況に抗うためには、シンプルに次の二つの策を講じる外ありません。

1 内受容感覚や島皮質を鍛え、適切なストレス対処法を身につける

2 HPA系を暴走させる余計なストレッサーを排除する

ここからは、それぞれの策についてお話ししましょう。

一つ目の内受容感覚や島皮質を鍛えるうえで有効とされるのが、ヨガやマインドフルネス瞑想です。どこでもできて、副作用も少ないことから、ストレス低減法としても用いられます。

実際にヨガを実践している人は実践者でない人と比べて、脳の島皮質が発達していることが研

究で明らかになっています。[13] さらに、ヨガの実践者は比較対象群よりも痛みに約2倍耐えられることもわかったのです。これは彼らの脳が、痛みという入力信号に対して過敏に反応するのではなく、一時的な感覚として冷静に観察できるように発達したためだと考えられます。

マインドフルネス瞑想にも、内受容感覚を高め、島皮質を鍛える効果があり、扁桃体の活動を抑制することがわかっています。[14]

詳しい方法は、巻末の「数分でもOK！　今日からできるDD実践法」でご紹介しておりますので、ぜひ実践してみてください。

原始的な情動と知性的な感情

次に二つ目「HPA系を暴走させる余計なストレッサーを排除する」策については、「感情」がキーになりそうです。

私たちの脳には、内外からの刺激に応じて生じる原始的な情動と、その情動を調整する知性的な感情と、二つの機能があるようです。これらはどちらも、人類が生き延びるためには欠かせないものでした。

危険を察知し、すぐさま逃げる判断ができなければ生物として死んでしまいますし、不安や怒りなどの情動に駆られ冷静な対応ができなければ、集団生活に支障が出てきます。つまり、社会

表4. 人間が有する情動と感情

原始的な情動（Emotion）	即座に発生する本能的な反応	生存に必須	怒り、恐怖、喜び、愛着
知性的な感情（Feeling）	情動を解釈し思考と結びつけたもの	社会適応に必須	道徳・価値観に基づく怒り、共感、誇り、深い愛情

的な生き物としての危機を迎えることになるのです。

情動と感情については心理学や哲学の世界でさまざまな議論がなされていますが、「原始的な情動と知性的な感情」というフレームを用いて区分けをすると、次のようになります（表4）。

原始的な情動は私たちが生来持つ反応で、内受容感覚や五感の他にもＨＰＡ系が強く関わっています。生存に直結するシステムのため、真っ先に現れるのが情動です。時として、知性的な感情が適切な処理を加える前に、原始的な情動がそのまま行動となって発露することもあります（煽り運転などがその例ではないでしょうか）。

他方で、知性的な感情は情動が湧き上がったあとに、これまでに培った社会通念（常識）や体験（知識）に基づいてどのような感情を持つのが自分や他者にとってベストなのかをすり合わせ、その解を導き出します。短期的なメリットではなく、中長期的に良い方向に向かうための動力源、とも言えます。

情動はコントロールしづらく、無理に抑圧し続けるべきでもありませんが、この情動を認識しつつも情動の再評価（内省）を経て知性的な感情に昇華させるべき局面が人生では多々あるのも事実です。そして、この双方のバランスを意識することで、行動選択の質が上がる＝人生の質が上がると考えています。

しかし、まず気にするべきは、そもそも情動を適切に汲み取れているのか（内受容感覚や五感は研ぎ澄まされているか）ということ。そして、知性的な感情をきちんと作り出すための他の材料（記憶など）とエネルギーが備わっているか。どちらのプロセスもこのデジタル社会で驚くほど容易に奪われてしまうのは、これまでに述べた通りです。

ジョナサン・ハイトによる「SNSが米国をあり得ないほどバカにした」という指摘を思い出してみましょう（133ページ参照）。ネット上の刺激的な情報に呑まれて脳疲労の状態となり、ストレス耐性が低下した結果、HPA系優位の状態が続くことで思慮のエネルギーを持たないまま短絡的な行動を取ってしまいます。バイアスがかかった自分を客観的に見つめられなくなり、野蛮な動物同士の争いのようになってしまう……。これが、知性的な感情がまったくはたらいていない状態です。

不安や恐れなど、原始的な情動が過度に引き出されるデジタル社会から一歩距離を置き、本当に良い行動は何かと考え、物事を進展させる術はないかと新たな視点を求める。そのためには、戦略的〝暇〟によって人間らしい知性的な感情（とそれを働かせるエネルギー）を充足させる時間が必要なのです。

人生を左右するPKを成功させた感情のコントロール術

意思決定の源となる情動を感じることに加え、その情動を活かして、知性的な感情を持って行動選択をするのはさらに重要です。

2024年7月1日に行われたEURO2024決勝トーナメント1回戦、ポルトガル代表対スロベニア代表の試合は、緊迫した展開となりました。試合は90分間で決着がつかず、延長戦に突入。延長前半の105分、ポルトガルはPKのチャンスを得ました。キッカーを務めたのは、史上最高のサッカー選手の一人と呼ばれるクリスティアーノ・ロナウド。彼はゴール右隅を狙いましたが、GKにセーブされて得点には至りませんでした。ロナウドは感情を抑えきれず涙し、チームメイトが彼を励ますシーンも見られました。

その後も両者は一歩も引かずに試合はPK戦にもつれ込み、ロナウドはポルトガルの一人目のキッカーとして再びPKスポットに立ちました。先ほどの失敗にも関わらず、彼は冷静さを取り戻し、今度は左隅に確実にシュートを決めたのです。

驚くべきなのは、試合中の彼の心拍数の変化を追ったデータでした。二度目のPKを蹴る直前、彼の心拍数はこの試合中で最も低い110bpm以下を記録したのです(一度目のPKでは約150bpm)[15]。

彼の強心臓ぶりがデータでも示されたのですが、一度目のPKを失敗し、このまま負ければ国民に戦犯扱いされる局面で、彼は情動(恐怖)に呑まれることなくこれまでの経験で培った冷静さをしっかりと取り戻し、二度目のPKを成功させたのです。PKを沈めたあと、彼は観客に向かって手を合わせ、「すまなかった」と言わんばかりの表情を浮かべました。

試合中、ロナウドが何を考えていたのかを計り知ることはできませんが、自らが置かれた状況を再評価(危機ではなく挑戦であると認識)し、目の前に訪れたチャンスに集中する心のスキルを身につけていたことは確かです。

トップアスリートが知性的な感情を持って、情動を昇華させる術を心得ていることが窺えます。

情動を再評価する

ロナウドの例は、自分の置かれる状況はコントロールできなくても、その状況に対処するための「感情は選べる」ことを示唆しています。

もちろん、そのスキルは一朝一夕で身につくものではありませんが、私たちが今日から始められることもあります。それが、感情の再評価（ラベリング）です。

カリフォルニア大学の研究では、実験の参加者に「観客の目の前で即興のスピーチをする」というお題を出し、スピーチの前に参加者の半分は「私は○○を感じている」と言語化（感情の再評価）するよう指示されました。感情を再評価したグループは、心拍数が下がり、落ち着いた状態になったことがわかりました。[16]

さらに、ハーバード・ビジネス・スクールでも、類似研究が行われました。[17] 研究は三つあり、それぞれ観客の前で歌う、即興でスピーチを行う、制限時間内に難しい数学のテストを受けるという緊張しやすいタスクを被験者に実行してもらいました。

タスクをこなす前に、「自分はわくわくしている」と言い聞かせるように指示された人たちは、緊張するなと自らに言い聞かせるよう指示されたグループに比べ、いずれのタスクでも高い成績を収めたのです。

いずれの研究も、緊張や恐怖を感じる局面において知性的な感情の力を使うことで、ネガティブな情動をポジティブな感情へと瞬時に変換できると示唆しています。

焦りや不安といったネガティブな情動は、そのままにしたり、変にジャッジすると、好ましくない感情や行動に変貌してしまいます。

しかし、情動は私たちを動かすエネルギーにもなります。ですから、そのエネルギーをうまく変換（再評価）して、良い結果に結びつけたいもの。そのスキルは、マインドフルな状態になる練習を通じて少しずつ磨いていけるのです。

五感（外受容感覚）と内受容感覚を健やかに育む習慣を積み重ねていくことで、内からくる情報も外から来る情報もフル活用できるのではないでしょうか。人生において参照できる情報が増えれば、より有用な判断ができるようになるはずです。

第5章

コスパ・タイパからの脱出

STEP2：時計時間デトックス

人の仕事は自由な空気を味わうこと。
名ばかりの支配者たちは、君を愚弄する壁時計を
持っているかもしれない
――だが友よ。時間は君のものだ。

――『君らしくあれ』[*1]リッケン・ヘイル

STEP1のDDの実践で脳疲労を癒やす習慣を手にしたら、戦略的〝暇〟の第2段階として、今度は「時計時間から離れる」体験をしてみましょう。「時計時間って……？」「それ以外の時間っていったい何？」と疑問が浮かぶかもしれません。時計時間もまた、人間が作り出したテクノロ

ジーの一つ。戦略的〝暇〟の実践者は、この時計時間にも抗います。

時計時間は、私たちを集団で何かを成し遂げることを可能にした一方で、私たちを効率良く動かすためのツールとしても機能します。小学生になる頃には、私たちは時計に沿って毎日を送るようになり、時計時間という物差しを使って物事を考えるようになります。

しかし、人生を充実させるうえで、時として時計時間の世界から離れることも重要です。知らず知らずのうちに私たちは時計時間の奴隷となっているわけですが、その弊害とは何なのか。「チクタク！　チクタク！」[*2]と私たちを追い立てる、時計の呪縛から抜け出す旅に出かけましょう。

＊1　『君らしくあれ』：米テレビドラマ『セヴェランス』の作中に登場する架空の書籍。

＊2　「チクタク！　チクタク！」：映画『キャスト・アウェイ』の主人公チャック・ノーランドが従業員を急かすときに使う言葉。同作では効率主義者である彼が乗っていた飛行機が墜落し、無人島に漂流したことをきっかけに過酷なサバイバル生活の中で生きることの意味を見出していく。時計時間と自然時間の対比を描く秀作だ。

1 時計時間にとらわれる私たち

時計時間が生まれるまで

ハイデッガーは技術の本質が「開匿」にあると考えた……と、第3章で述べました（129ページ参照）が、改めてハイデッガーの指摘を踏まえると、技術があれば非常に多くのものが開発の対象であり、資源になる可能性があるとわかります。ハイデッガーは人間が自然だけではなく自分自身をも開匿し、場合によっては搾取《さくしゅ》さえしうると警告していたのです。

そして、人が人そのものを資源化するに至るうえで重要な役割を果たしたテクノロジーの一つが、「時計時間」です。2021年、米誌「ノエマ・マガジン」に大変興味深い論考が掲載されました[1]。

ジャーナリストのジョー・ザデーが著した「時計の暴政」では、かつては天体の移動によって移り変わる自然時間に親しんでいた人間たちが、機械式時計の誕生をきっかけに、大きく生活様式を変えたと考察しています。

機械式時計が誕生したのは、およそ13世紀頃。修道士が祈りの正確な時刻を測るために発明した、と言われています。その後、時計は世俗化し、時の権威者は自らの定めた時間を「標準時」と定め、それに沿った生活を浸透させました。それに付随して、各地に根づいていた太陽時（地方時）や、自然の移り変わりをもとに時間、そして季節を割り出す方式は影を潜めていきました。

英国の鉄道時代初期、各地の鉄道会社は現地時間に即した異なる時刻をそれぞれ採用していました。しかし、鉄道網が広がるにつれて鉄道時刻の統一が急務となり、1840年にグレート・ウェスタン鉄道が世界で初めて標準時（GMT）を採用。他の鉄道会社も、これに続きました。標準時とは、特定の国・地域で用いられる標準時間のことで、この標準時が統一基準として用いやすいため輸送や通信の分野で多く採用され始めたのです。

1855年までには、英国のほぼすべての公共の時計はロンドンの時間、つまり標準時に設定されました。そして1880年、「時間に関する定義の法」が施行され、英国全土の法的な時間は標準時であると定められました。

標準時の導入によって鉄道の運行効率は大いに向上しましたが、その一方で、太陽が南中した（天体がちょうど真南に来た）時間を正午としていた各地の住民たちは標準時に適応しなければいけなくなり、生活のリズムが自然の流れと異なるものとなってしまいました。

米国でも鉄道網が整備され、標準時の採用が進みましたが、各地で反発を招きました。特にボストンでは、「我らの正午時間を守ろう」と抗議活動が起こったほど。ボストンの住民たちは従来の太陽時をもとにした正午の時刻が、標準時によって失われると危惧したのです。

オーストラリアの先住民アボリジニは、天体の動きや花木の開花時期、干潮から現在時刻を算出する極めて高度な計測を行っていました。しかし、入植した英国人たちは、この方法は自然的で野蛮かつ気まぐれだと断じ、入植者たちは彼らの時間をも支配しようとしました。

ここで重要なのは、時間によって労働が管理しやすくなり、生産性や対価の算出が容易になった点です。一定の労働時間に対して人間がどれくらいの生産性を上げられるかを考えたとき、私たちは人間を一種の資源として捉えているとも考えられます。記事には、次のように書かれています。

「時計時間」は資本主義の産物ではない。そして、その逆でもない。だが、科学や宗教が時間を同一に分割したことは、資本主義にとって好都合だった。資本家たちは時計時間を便利なインフラとして用い、人間の体と労働、商品を搾取し、金銭的価値に変えたのだ。

時計時間は私たちが生まれつき共有している時間でもなんでもなく、近代の発明品の一つにすぎません。そして、この発明品は時代折々の権力者にとって有利に使われてきた側面があります。

ですから、あまり時計時間にとらわれすぎるのではなく、自分の時間を測る物差しを必要に応じて持ち替えることも大事です。現代では「すぐに何かができるようになる」ことがもてはやされますが、それは時計時間の世界上での評価にすぎず、誰かよりも早く何かができなかったことで自分を責めたり、貶《おとし》めたりしてしまうことに違和感を覚えます。

あなたは、あなたの時間で進めば良い。
あなたは、あなたをゆっくり待てば良い。

時計時間を便利に活用しつつも、時としてあなたを効率という尺度で測ろうとする時計の呪縛から逃れることで、生きることはもっと豊かになるでしょう。

コスパとタイパの罠

最近、「コスパ（コスト・パフォーマンス）」「タイパ（タイム・パフォーマンス）」という言葉を耳にする機会が増えました。この二つの言葉は乱用されている印象があるので、本書における定義をはっきりさせておきましょう。

まず、コスパは支払った金額に対して得られる効果や満足度のことで、「費用対効果」とも呼ばれます。一方、タイパの基準は時間です。自分が投じた時間に対して、どれぐらい効果や満足度が得られるのかを指します。

いずれも、効果や満足度のためにかけるお金や時間は「少ないほうが好ましい」というのが両者に共通する傾向でしょう。少額の割にはお腹がいっぱいになる、少額の割には長持ちする、汎用性が高いというのが「コスパの良いもの」になるのです。

タイパは「時短」「隙間時間の活用」によって、可処分時間（自分が自由に使える時間）を増やすことが本来の意義です。例を挙げると、本の要約サービスやネタバレ系コンテンツ、動画の倍速視聴、手軽ですぐに調理できる冷凍食品などがあります。対面ではなくビデオ会議やテキストメッセージで済ませるコミュニケーションも、タイパの追求行為に当てはまります。

コスパ、タイパについては個人の信条もありますし、それらの追求そのものに喜びを感じる方もいらっしゃるので否定するつもりはありません。しかし、コスパやタイパに執着しすぎると短期的な目線になりがちだという点は指摘しておきます。

それぞれ、例を挙げながら考えてみましょう。

たとえば、「安くてお腹いっぱいになるもの」はコスパが良いわけですが、一時的な満腹感があっても、長い目で見れば健康に悪影響を及ぼしかねません。安いものを求めたあげく、自らの安全を脅かしてしまうのでは、本末転倒です。そもそも、食の楽しみが損なわれます。

続いて、タイパ。あまり意識していないかもしれませんが、SNSを使って誰かと連絡を取り合うのも、タイパを重視する行為です。待ち合わせの時間と場所を決めて、そこまで移動して直接会って話をするのは手間がかかるので、私たちはオンライン上の通話やチャットで意思疎通の行為を済ませているわけです。最近では、電話を使って話す機会も減ってきていますね。

しかし、オンライン上で自分が意図していることがうまく伝わらずトラブルになったり、相手の返事がないとやきもきしたり、相手と膝をつき合わせて会話できないがゆえに、信頼関係を築くのが難しいこともあります。時間をかけずに誰かと繋がれるSNSを使っているにも関わらず、結局、孤独感を覚えるのはまさにタイパに固執しすぎることで生まれる弊害だと言えるでしょう。

最近では勤め先で、一緒に働く人との飲み会や残業などを頑なに断り、自分の時間を優先したいと考える人たちが増えており、就職活動においてもプライベートの時間がしっかり確保できるかどうかは会社を選ぶうえで重要な判断基準となっているようです。

もちろん、プライベートの時間を守るのは大切ですし、それはこれまでの日本の企業があまりに軽視してきたことでもあるでしょう。ですが、たとえば会社の飲み会や会食などで出会いや発見があったり、そのときに築いた人脈が後のキャリアで活きる可能性もあります。何が役に立つのかは、そのときになってみないとわからない。コスパやタイパに腐心するのは、あとになって芽が出るかもしれない種まきを最初から放棄しているようにも映ります。

さらに、コスパやタイパの追求行為が本来の目的（その行為によって効果や満足度を得ること）を覆い隠してしまうこと。つまり、手段が目的化してしまうことも考えられます。

たとえば、仕事や早く終わらせてしまいたい日常生活の雑用については、コスパやタイパの定規を用いて、早く安く、効率的な目線で考えるのは大切なことです。しかし、仕事や雑用を「さっさと終わらせようとする」のは、その後の自由な時間を少しでも増やして、余暇を謳歌するためですよね。

しかし、最近では「倍速」という言葉があるように、余暇の時間に見る動画を「早送り」する人が増えているようです。僕としては俳優がセリフを発するまでの間や、表情やちょっとした動作による感情表現、作中の音楽などを存分に味わいたいので、それらをスキップしてしまう感覚にはどうにも馴染めないのですが、これらの行為の背景を考えるとタイパそのものが目的化しているのではないか、と考えてしまいます。

時計時間をベースとする資本主義社会では、効率（早く安く、多くを成し遂げられること）は絶対神のように扱われます。しかし、この資本主義における定規は私たちの余暇にまで適用されるべきものなのでしょうか。自由な時間、余暇においてまで効率は「善」なのでしょうか。

自由な時間、余暇とは仕事中では許されないような失敗や遅れが許される、というより、そもそも失敗という概念が余暇の世界にはないのです。「効率の良い趣味」なんてあるでしょうか？

サーフィンだって、登山だって、楽器の演奏だって、推し活だって、別にやらなければムダにコストや時間、エネルギーを消費することはないのです。それでも、私たちはやらずにはいられない。なぜなら、ただやっているだけで楽しいから。これに尽きます。趣味やライフワークがなければ、人生は無色に等しいものになってしまうでしょう。

この社会に生きている以上、効率化マシンとして作動しなければならない部分も確かにあります。しかし余暇を過ごすときは効率化マシンとしてではなく、非効率を謳歌する生身の人でいられる。そんな時間が美しく、愛おしいのです。

逆説的ですが、私たちがコスパやタイパという尺度を使って効率化を図る最大の目的は、自由を味わうこと――非効率な時間を謳歌するためです。

では、時計時間を脱出するにはどうすれば良いか。いくつか実践法をご紹介しましょう。

2 時計時間からの脱出方法①：フロー

充実感や達成感を味わえるフロー状態

本書では、時計時間を脱出するうえで重要な概念を二つ――「フロー」「不便」――ご紹介します。

まずは、一つ目の「フロー理論」について。

「ゾーン」あるいは、「忘我」とも表現されます。心理学者のミハイ・チクセントミハイが提唱したフロー理論では、人が最も集中し充実感を覚えられる「フロー状態」について説明されています。

フロー状態は、活動に深く没入し、自分の力を最大限に発揮しているときに感じられるもので、スポーツや音楽、学習、仕事など、さまざまな活動で経験できます。

チクセントミハイは、この状態にいるときの人は「他のことが気にならず、時間の感覚さえも忘れる」と述べ、内発的な充実感と達成感が得られると言います。[2]

スポーツ選手は、試合中やトレーニング中にフロー状態に入ることが多く、よく「ゾーンに入る」とも呼ばれます。たとえば、プロのバスケットボール選手が集中して連続でシュートを決めるときや、マラソンランナーがリズム良く走り続けて疲労を感じないでいるときがフロー状態です。周りの観客の声や時間の感覚が薄れ、パフォーマンスに完全に集中できるのです。

演奏家も、パフォーマンス中にフロー状態に入ることがあります。ピアニストが複雑な曲を演奏しているときに楽譜を意識せず、自分と音楽が一体化しているように感じる瞬間などが一例です。練習や演奏中に、感覚が研ぎ澄まされるのです。

その他にもプログラマーが難しいコードを組むとき、デザイナーが自分のデザインに集中するとき、料理人が調理や盛りつけをするとき、学生が勉強に没頭するときなど、日常でフロー状態を味わうことはよくあります。

フロー状態に入るための条件

チクセントミハイは、フロー状態には以下の特徴が見られると考察しています。

1 明確な目標：行動や課題の目的がはっきりしていること
2 フィードバックの明確さ：行動の結果がわかり、自己評価がしやすいこと
3 挑戦とスキルのバランス：課題の難易度が自分の能力に適していること
4 自己意識の喪失：他者からの評価や自己意識が薄れ、活動に没頭できること
5 時間の感覚の変容：時間が非常に早く、または遅く感じられること

フロー状態に入るには、自分のコンディションが万全であることに加え、フローに入れるだけのスキルを要していることなどの条件がありますが、重要な要素として「注意を逸らされない環境にあること」が挙げられます。スマホの通知が鳴り響く中で、何かに没頭することは難しいものです。

ですからSTEP1のDDを実践することは、フロー状態に入る環境を作るうえでも不可欠なのです。ちなみにアンデシュ・ハンセン氏を取材した際、彼は「フロー体験そのものが人生における至高の体験であり、ゴールである」と語っていました。

クロノス時間とカイロス時間の使い分け

古代ギリシャの人々は時間の概念には、「クロノス時間」と「カイロス時間」の二つがあると考えていました。

クロノス時間とは、直線的で客観的に計測できる時間のこと。つまり、先ほど私たちが考察した時計時間ですね。

一方でカイロス時間では、より主観的な時間の体験が重視されます。私たちは圧倒的にクロノス時間に基づいて行動していますが、「いまこの瞬間を大切にする」カイロス時間を日常に取り入れることも大切です。

先ほど述べた通り、人生を決定づける機会や忘れ難い経験の多くは一瞬のものです。その一瞬の煌めきを逃さないように、カイロス時間という時間の捉え方を持っておきたいものです。

暦を細かく「感じる」ことで、あくせく働く毎日を途中下車するイメージも持っておきたいものです。アボリジニたちが独自の時間を持っていたことについて触れましたが、独自の時間を持っていたのは日本人も同じ。立春や冬至など春夏秋冬を24に等分した二十四節気や、それをさらに約5日ごとに分けた七十二候《しちじゅうにこう》が存在します。[3]七十二候では、季節の移ろいに合わせて変化する植物や動物たちの様子が表現され、農作を進めるうえで欠かせないものでした。

自然の移り変わりに合わせて、私たちも立ち止まり、季節折々の景色を楽しんだり、旬のものを味わったりする豊かな時間を大切にしたいと思わせてくれます。

3 時計時間からの脱出方法②：不便

不便（プロセス）を愛する

続いて、時計時間から脱出する方法の二つ目「不便」についてです。
日本の著名な経済学者で『社会的共通資本』（岩波新書）などの書籍で知られる宇沢弘文氏は極端な飛行機嫌いだったと言い、可能な限り列車やバス、徒歩といった交通手段で移動していたようです。[4]
ノーベル経済学賞を受賞したジョセフ・スティグリッツを指導したことや、1991年に当時のローマ法王ヨハネ・パウロ二世より依頼を受け、回勅《かいちょく》*のアドバイザーとしてバチカン市国に返事を書いたこともある彼は、高度経済成長期の最中で行きすぎた資本主義に警鐘を鳴らしていました。
彼は、テクノロジーそのものを嫌っていたというより、過度な効率化が人々の生活や環境に与える影響を憂いていました。宇沢氏の娘である占部まり氏は、ある講演で「父は早く移動できる電車があるときでも、あえて鈍行の電車を選んでいた」と小さい頃の思い出を語っています。

あえて不便を楽しむ

さて、この宇沢氏のエピソードは「不便益」について考えるうえでも非常に示唆に富むものです。不便益とは、京都先端科学大学の川上浩司氏が提唱した概念で、効率ばかりが重視される現代において、「不便から得られる価値」について見直すことの重要性を訴えています。同氏の不便益システム研究所のホームページには、こう書かれています。[5]

便利の押しつけが、人から生活する事や成長する事を奪ってはいけない・

便利であることの条件として、「早く結果が得られること」「労力がかからないこと」がありま す。まさに、便利は時計時間というシステムの中で非常に価値がある概念です。

しかし、「便利なもの」や「スマートなもの」を一方的に押しつけられ、それらに慣れてしまうと、

＊　回勅：ローマ教皇が司教を通じて信徒全体に伝える文書。教皇が出す公文書の中で最も重要な文書の一つとされる。

私たちが人生で味わうべきプロセスまでも根こそぎ失われてしまいます。これはテクノロジーが悪いとかそういった話ではなく、私たちの意識の問題にも思えます。便利が絶対善ではない、と言いたいのです。

宇沢氏のエピソードに感銘を受けた僕は、休暇中に次の二つを意識して旅をしてみました。

・高速道路に乗っていても、気になる地名があったらそこで降りてみる
・ナビを使わずに目的地まで行ってみる

結果は想像通り便利とはかけ離れたものでしたが、これまでになく思い出に残る旅になりました。これまで高速道路で飛ばしていた日本の各地を地続きで楽しむことができたのです。山間にある美しい茶畑、知らない温泉郷、食べたことのない特産物など、スマホで調べてナビで目的地まで行く旅だったら、絶対に訪れないだろう場所に行くことができ、多くの場所を知らずに生きてきたことを痛感しました。まさに、不便だからこそ得られた発見です。

また、ナビを使わなかったので間違った道に入ってしまい、目的地に辿り着くことができませんでした。しかし、たまたま入ったお店で食べた山賊焼きの味はいまでも覚えています。行き当たりばったりですが、僕にとってはばっちりな旅でした。トラブルとトラベルは紙一重ですが、自分や周りに害が及ばない範囲で、あえて不便でランダムな旅をしてみるのもおすすめです。

ちなみに、ＡＩができないことの一つに「移動」があります。

移動ができないＡＩの致命的な弱点は、一次情報が取れないことです。「百聞は一見にしかず」とは本当によく言ったもので、一次情報は自分がその目で見て確かめる行為ゆえに、何より信憑性が高い情報だと考えます。あなたがその場で感じたこと、思ったこと――つまり、「感想」は誰にも否定することができません。ぜひ、そんな心が動く体験を不便の中から見出してみてはいかがでしょうか。

別に人生が変わるようなレベルの感動を得ようとか、何か将来役立つ有益なものを見つけ出そうと力む必要はありません。

ただ、気の赴くままに旅をしてみてください。きっと人生の質とはその大量のプロセスを経てしか得られないものなのかもしれませんから。単独で大西洋無着陸横断飛行を史上初めて成し遂げたチャールズ・リンドバーグの妻アン・モロー・リンドバーグもまた飛行家であり、米国女性として最初にグライダーのライセンスを取得しました。彼女は、こんなことを言っています。[6]

人生を見つけるためには、人生を浪費しなければならない。

不便をビジネスに活かす──おしゃべりレジの成功

世界を見渡すと、不便益がビジネスに取り入れられている事例もあります。オランダの大手スーパーマーケット「ジャンボ」は2019年に「チャット・チェックアウト」を導入しました。急ぎではない買い物客に向けたレジで、ゆっくりと時間をかけてお話をしたい人たちがチャット・チェックアウトの列に並びます。

このチャット・チェックアウトが顧客の反響を呼び、今ではなんとオランダ国内の200店舗ほどでこのスローなレジが導入されているようです。地域貢献になることからジャンボの従業員にも好評で、「チャット・チェックアウトを担当したい」と立候補する従業員も多いそうです[7]。

当初、ジャンボの経営層はおしゃべりレジの需要があるのは高齢者だけだろうと考え、孤独対策の一環として導入したそうですが、人と触れ合いたいという欲求はどの年齢層でも同じだったと話しています。

近年では人員をかけずに手早く会計処理ができるセルフレジが主流になってきていますが、この「遅いレジ」は便利の対極をいくものです。でもそれが顧客に求められ、従業員のエンゲージメントも高めている。不便が役立つこともあるのです。

第6章

凝り固まった「私」を解き放つ

STEP3：自分デトックス

船は港の中にいれば安全だ。
でも船はそのために造られたわけではない

――ジョン・シェッド[1]

STEP1でデジタル疲れから脱し、STEP2で時計時間の罠から逃れる術を知った私たちが、次に抜け出すのは「自分」です。

より厳密に定義をしておくと、「固化した自分（自我）の思考から抜け出すこと」が自分デトックスです。

自分デトックスで大切にしたいのは、自分は自分の境界線を超えた周囲と相互作用している状態であること（インタービーイングであること）を知覚する、自分という存在の可変性や周りとの連続性を感じることです。

そこでSTEP3では、自我という脳が作り出した最古のデジタル技術と適切な関係を築くためのヒントとなる思考や実践法について解説していきます。

1 デジタル的に括られた自分

「自我」と「自己」が指すもの

自我と似た言葉に、「自己」があります。この違いは重要なので、まずはそこから考えてみましょう。

自己とは、「自我を含んだもっと大きな自分」だと思ってください。少しややこしい説明になるかもしれませんが、自己とは自分がまだ認知していない未開拓の自分も含んだ自分のことで、自我とは自分が(意識的であれ無意識的であれ)定義した自分のことです(図12)。

たとえば、自分という箱があります。中は暗いので、ライトで照らさないと見えない状態だとしましょう。あなたが手にしているライトで照らし出される部分を自我だとすれば、自己とはまだ照らされていない影の部分です。

本来、自分というのはこの自己の部分も含めた大海のように大きな存在であり、実は「たくさんの自分」が手つかずのまま残っています。しかし、私たちは大きくなるにつれて親や学校から

図12.自分と自我と自己

の教育、生まれた国の文化で培った常識や与えられた役割に順応しながら、「だいたいこれが自分なんだな」と自分らしさといったものを定義するようになります。誰もが人と人とのあいだで関係性を築かずして生きていくことはできませんから、この順応は大事です。

そもそも、大人になるとは「役割が増える」ことです。その役割をこなすために、私たちは知性的な感情をもって、日々の生活を営んでいるわけです。

しかしその反面、自分のすべてではない自我だけを見て「これが私だ」と決めつけてしまい、自らの可能性に蓋《ふた》をしてしまうきらいもあります。身体の細胞膜が内と外を隔てるように、脳も自我というシステムを使って自分の身体を守り、外界からの脅威に対応できるようにします。

ひとたび自我が暴走すると「自分はこうあるべきだ」といった強迫観念が強まったり、周りの新しい価値観に対して包容的になれなくなったりと、いわゆる「自己中心的」な状態に陥ってしまいます。これは自らが作り出したルールに乗っ取られている状態。原始的な情動が過度に引き出され、新たな可能性が生まれない状態です。この問題はスマホ依存よりも深刻です——私たちは何よりも自ら作り出した「思考」に依存しているのですから。そして、それに気がつくのはとても難しい。

当然、このような自我の暴走状態が続けば、周りとの円満な関係は築けません。待っているのは孤立であり、それは悪質な暇に陥るきっかけでもあります。

デジタル社会では自我が刺激され続ける

具体的な内容に踏み込む前に、「自分とは不可変のものではない」ことを——自分とは常に変わりゆくものである、と——はっきり示しておきましょう。

よくメディアでは、どんなときでもブレない自分であることや変わらない自分であることが讃えられますが、そんな自分像はある意味幽霊のようなものです。そもそもどんな状況でも変わらない自分なんて、気味が悪いとすら感じませんか？

しかし、どうにも私たちは現代において画一的な基準のもと、「自分らしきもの」をいつの間にか装備させられている気さえします。

そして、その自分を他の人と競い合わせて、「もっと綺麗にならなきゃ」「もっと稼がなきゃ」「こんなスキルを身につけなきゃ」と、もはや強迫観念のように自分探しを「させられている」と感じるのです。しかし、自己の部分に光を当てずして、周りの情報に踊らされていても自分は見つかりません。

デジタル（Digital）の語源はラテン語の「digitus」であり、「指」を意味しています。指を使って数字を数えることから、「Digit（桁、数字）」に派生し、そこから転じて「ゼロイチの世界」であるデジタルの概念に結びつきました。「分離」が、デジタルの根本的な概念なのです。

そう考えると、人類の脳が超初期に獲得したデジタルツールは、「自我」と呼べるのではないでしょうか。そして、この自我のシステムは私たちが生後数ヵ月で習得するテクノロジーでもあります。

生後数ヵ月のうち、赤ちゃんは手や足を意識的に動かすことが難しく、身体の各部分が「自分の一部」であるという意識は曖昧《あいまい》です。しかし、手を自分の顔に触れさせたり、指を動かして見つめたりする行動を通じて、自分の体と外の世界を徐々に区別していきます。

偶然に自分の手を口に入れて噛んでみたり、目の前で動かしてみたり。これが赤ちゃんにとって、「自分の体である」という感覚を確立する第一歩。この体験を繰り返すうちに、「自分の手」は意図に応じて動くことを理解するようになります。この「自分のもの」と「他人のもの」を区別する能力（ボディ・オーナーシップ）の発達が、自分を認識するうえでの出発点となるのです。

私たちは、自分と他者を区画する力を生後初期に身につけます。その後、大人になるにつれて知らぬ間に身に染み込んだ常識（あるいはドグマ）やそれによって生じた「こうでなければいけない」という思い込みを堆積させ、いつしかその思い込みは自分の意思決定や行動において規範めいたものになっていきます。デジタル上では、特に人間の持つ認知バイアスの一つである確証バイアス（136ページ参照）が作用しやすいため、自身の思い込みや願望を強化する情報ばかりが自我の軸へ集積していくのです。[2]

こうしてどんどん見かけ上の自分らしさはできていくものの、生きづらさや息苦しさを覚える。「あれができない」「これも持っていない」と欠乏感を否応なく感じさせられ、自我を刺激され続けているのですから無理もありません。

欠乏感や危機感から発動するのが自我である一方で、自己の探索は好奇心によって進みます。肥大化し、凝り固まった自我から離れ、自分の可能性に気づく体験はそれそのものが、何にも替え難い体験です。

自己の探求は、その過程の中で自分や周囲の世界との繋がりを感じさせてくれます。自分を成り立たせる要素を浮かび上がらせる能動的な、もっと言えば、とても人間らしい営みだと考えています。

「わたくしといふ現象」

宮沢賢治は、「春と修羅」で、自身のことを「わたくしといふ現象」と表現しました。[3] 本来、自分とは置かれた環境によって、一緒にいる相手によって刻々と揺らいでいくものです。

自分とは溶媒のようなもので、あなたという試験管に放り込まれた体験によってあなたの色は変わってゆく――その変化を「わっ、自分はこんな反応をするんだ」と傍から観察して楽しむような気持ちで、自分デトックスを進められたら良いですね。

社会生活を送るうえで自分が自分であることは免れませんし、便宜上、明日も自分は自分として名乗り、アイデンティティを持って生きていきます。ですが、これから考察を続けていくにつれ、時としてデジタル的に括《くく》られた「自分」を解くことの大切さもわかっていただけることと思います。

2 禅が目指すのは「自分の消失」

自己肯定感という言葉の違和感

「以前は『自己肯定感』なんて奇妙な言葉はあまり聞かなかった気がします」

京都両足院の副住職として勤められている伊藤東凌《とうりょう》氏は、取材の際にこう語りました。[4] 国内外の人たちに瞑想を指南する伊藤氏は、「SNSを介して誰かと繋がることで、『もっと自分は良い存在にならなければいけない』と感じる人たちが増えた」とも述べており、現代において私たちの自我が肥大化している点を指摘しています。

伊藤氏は、仏教において「最終的に手放すべきものは自我」と語っており、手放すことによって周りの世界（＝自然）と一体化する、むしろ元より人間は自然と一体化している存在だと気づくことがゴールだとお話しされていたのが印象的でした。

しかし、昨今言われる自己肯定感は「どちらかというと自我の肯定に近いのではないか」とも伊藤氏は付け加えています。これは実に鋭い指摘です。

自我肯定とは過去や未来への固執であり、過去に起きたことがまた未来も続くと考えてしまうこと。今ここにある可能性を秘めた自分ではなく、過去や未来に注意が向かってしまう状態に陥りかねない点を伊藤氏は危惧しているのではないでしょうか。まさに、反芻思考——マインド・ワンダリングの状態です。

13世紀を生きた南宋（中国）の臨済宗の僧侶である無門慧開《むもんえかい》は、自我のしがらみから抜け出した先——無我の境地をこのように表現しています。[5]

自然と自分と世界の区別がなくなって一つになるだろう。

まさにワンネスの世界であり、自分がある・ないといった二元的な世界ではなく、すべてが繋がっている感覚で満たされている状態なのではないでしょうか。

これまでに蓄積した常識や経験が大事でありながらも、これがまた自分を振り回してしまうのも事実です。私たちが皆、修行僧ではありませんから、実社会とある程度の折り合いをつけながら生きていくことを否定するわけではありません。しかしながら、前述のフロー体験のように、一時的に私たちが「無になった」ような瞬間を味わうことも可能ですし、誰かとのコミュニケーションの中で強い一体感を覚えることも可能です。

「自分探しを」「自分らしさを」と自分の中の自我の部分だけにとらわれすぎることなく、自分の周りも含めて自分である――そんな、自我が溶解して溶け出していくような感覚、拡張した自分を捉えていきましょう。そうすれば、脳が作り出した自我にばかりではなく、本当の意味での自分自身や周りの人たち、自然との繋がりを感じられるでしょう。それこそが疎外感もなく、劣等感もない状態であり、幸福な人生を送るうえでの重要な要素なのだと考えます。

自己濃度を調整する

「無」という言葉を持ち出して語ると、どうしても無の状態とそうではない状態といった「白か黒か」の二元的な議論になるきらいもあります。本書が最も大事にする考え方は、「バランス」です。過度に自分を意識しすぎる状態に陥らぬよう、バランス良く自分を保つためにはどうすれば良いのでしょうか。そこで役立つのが、「自己濃度」という概念です。

自己濃度は、上田啓太氏の『人は2000連休を与えられるとどうなるのか？』（河出書房新社）の中で登場する言葉です。[6]

上田氏は、京都大学を卒業後、仕事を辞めて2000連休を過ごす中でどのように自分の感覚や思考が変わっていくのかを軽妙なタッチで描きました。まさに戦略的〝暇〟の実践者である上田氏は、最初は仕事から解放された喜びを味わっていたものの、徐々に不安に苛まれるようになり、自分という存在がいったい何なのか、哲学的な思考実験に傾倒していきます。余暇社会が訪れると人はどうなるのか、その縮図を見ているような感じもあり、個人的には社会実験の一つとして興味深く同書を拝読しました。

連休生活が1000日を超えると、上田氏は「自分が薄れるような感覚」を覚えたと綴《つづ》っています。その中で、「自己濃度」という概念を生み出しました。

〈中略〉、まずは自己というものを濃度で見たほうがいいのではないか。

濃度という点では、自己評価の高い人間も低い人間も、それほど変わらない。それは「自己濃度の高い人」とまとめてしまえば分かりやすいのではないか。そして自己が安定している人は、自己評価が高いというよりは、自己の濃度がほどほどの状態で、それほど自分のことを考えていない。

禅が目指す「自分の消失」とは、この自己濃度が限りなくゼロに近い状態とも考えられます。

一方で、自我の上で築かれたストーリー（たとえば自分のキャラはこうでなくてはいけないといった設定）にこだわったり、他者と比較してしまったりするのは自己濃度が高い状態です（本書の文脈で言えば、自我の濃度と言えます）。

この自己濃度をうまく調整してあげることが、現代においては大事なスキルでもあります。

自我を煽るビジネス

何かと自分に注目が向かいがちな現代ですが、自分のことを考えすぎるとメンタルヘルスを損ねてしまう可能性もあります。

とはいえ、私たちは自分語りが大好きな生き物でもあります。X上の投稿を調べた研究では、ユーザーの8割は主に自分のことについて投稿しています(「疲れた」など)。

なぜ、私たちは自分語りがやめられないのか。理由はシンプルで、自分語りは快楽を伴い、依存的だからです。しかし、自分語りのしすぎには代償があります。

約5000人を対象に、会話で「私」を使用する頻度とうつ症状の関連性を調べたところ、小さいながらも確実な関連性がみられたと報告されています。[7]

繰り返しますが、SNS上を始め、周りから「定規を当てられる時代」を私たちは生きています。これが美の基準、これが成功の基準、これが幸せの基準と、多くの定規を当てられ、測られ、それに沿おうと精一杯努力を続けるのです。しかし、その基準を満たしたとて、本来の自分が求めていたことではないと、はたと気づくことがあります。最近よく世間で言われる「個性を尊重する」「自分らしさを大切に」といった言葉は、そうした〝定規社会〟に対するアンチテーゼに思えます。

しかし、これまで自分なりの尺度を持たずに生きてきた人にとっては、「いきなり『自分らしく』とか『好きなことをやれ』と言われても……」と立ち尽くすばかりで、結果としてSNSなどで価値観や自分らしい意見をウィンドウショッピングのように集めて回っている。そして、とりあえず誰かが言ったそれらしい意見を自分も口にしてみる。しかしその意見には奇妙なサイクルがあり、価値観もファッションのようにトレンド化されているように思うのです。

第1章で、ボードリヤールは人々が「意味の消費」に移行している点を指摘しましたが、現代において私たちは「価値観の消費」をさせられている気がしてなりません（51ページ参照）。

現代の消費社会では、そしてデジタル上で多くの言論に触れる私たちは、たくさんの価値観を押しつけられながら生活をしています。電車に乗っても、やれ「MBAを取れ」「転職しろ」「二重になれ」「脱毛しろ」「脂肪を吸引しろ」「割れた腹筋を手に入れろ」といった広告の嵐――。あなたをあなたのままでいさせてはくれません。でも、そうやって煽られてまで広告が理想を提示する存在になったとして、果たしてそれはあなたのなりたかった自分なのでしょうか？

電車の広告に嫌気がさしてスマホの世界に逃げ込んでも、似たような広告で溢れ返っています。ある意味では、あなたの自我が強まれば強まるほど、自己濃度が高まれば高まるほど、お金になるビジネスの構造が出来上がっているのです。食品や家電など、基本的な生活に不可欠なものはおおよそ手に入るようになった日本では、自我の開拓しか〝うまいビジネス〟にならない側面もあると言えるでしょう。

画一的な価値観で生きてきたこれまでの日本の風潮を思えば、今日ほど自由に価値観を取捨選択できる時代はありませんが、今日ほど自我が肥大化されやすい時代もありません。少なくとも周囲に自己濃度を左右されることなく、そして自分で自己濃度を苦しくなるほどつり上げることなく適切なバランスで生きていきたいものですね。

自分のバランスを適切に保つうえでは、自我を作り出す脳が暴走するのをいかに防ぐかが鍵になります。そのために、いったん、自分のことについてあれこれと考えるのはやめましょう。そして、私たちが持つ生まれながらのデバイス「身体」と共に考え、躍動してみるのが良さそうです。

3 脳から解き放たれる

環世界を行き来する――オール・ニュー・アゲイン

私たちの脳は、お馴染みのストーリーを作り出す力に長けています。新たな環境に移ったとしても、個人差こそあれ少しずつお馴染みのルーティンを作り出すことで順応していきます。たとえば学校を卒業し、慣れ親しんだ学生生活から社会人としての生活をスタートさせたときのことを思い出してください。最初はあらゆることが新鮮でも、徐々に慣れて日常になったはずです。

ドアを開けて左に向かって歩けば階段があり、そこを下って外に出れば目の前に公園があり、いつもの駅から会社に向かい、いつもの同僚たちと顔を合わせて、いつもの業務に取りかかる……。

脳にはストーリーを作る力があると書きましたが、言い換えれば、それは脳があらかじめ環境を予測し、予定調和を保つことで、外界を認知するのに余計なエネルギーを費やさないようにするためです。その証拠として、視床から視覚皮質に向かう情報伝達のルートよりも視覚皮質から視床に向かうルートのほうが10倍近く発達していることがわかっています。[8]

ほとんどの感覚情報は、大脳皮質の適切な領域にたどり着く途中で視床を通る。視覚情報は視覚皮質に向かうので、視床から視覚皮質へと入る接続がたくさんある。しかしここからが驚きだ。逆方向の接続がその一〇倍もある。

このことからも、脳のエネルギー消費を抑えるため、視覚やその他の感覚においては「予測処理」が働いていると考えられています。予測に基づいて次の出来事を見積もるほうが、毎度目の前の大量の情報を処理するよりも効率的だからです。

ここで少し、「環世界《かんせかい》」という概念について触れておきましょう。「環世界説」とは、生物学者・哲学者ヤーコプ・フォン・ユクスキュルが生み出した概念で、動物はそれぞれに主体的な知覚世界を持っていて、独自の時間や空間として自らの周囲の世界を認識して生きている、とする考えです。

哲学者の國分功一郎氏は『暇と退屈の倫理学』(新潮文庫)において、この環世界と人間の関係性について深く切り込んでいます。[9]

環世界を示す例として國分氏が挙げているのが、マダニです。マダニは目や耳に頼って生きることはせず、飛び抜けて鋭い嗅覚と触覚を使って、哺乳類の血を吸います。マダニの環世界で存在するのは、哺乳類が発する酪酸の匂いと体温だけです。酪酸の匂いを感じると、マダニは獲物に飛びつき、一定の体温以上であれば血を吸おうとします。

他にも、犬が匂いに敏感なのは、犬の環世界において匂いが重要な役割を持つからです。人間と犬では知覚の仕組みや重要視する情報が異なるため、同じ場所にいても異なる環世界を生きていることになります。

このように動物は基本的には単一の環世界しか持ちえないのですが、人間は異なる複数の環世界を持つことができるうえ、その環世界を行き来する「環世界間移動能力」が他の動物に比べて格段に高い、と國分氏は書いています。そして、「だからこそ人は退屈してしまうのだ」と続けています。

〈中略〉人間は環世界を生きているが、その環世界をかなり自由に移動する。このことは、人間が相当に不安定な環世界しか持ち得ないことを意味する。人間は容易に一つの環世界から離れ、別の環世界へと移動してしまう。一つの環世界にひたっていることができない。おそらくここに、人間が極度に退屈に悩まされる存在であることの理由がある。人間は一つの環世界にとどまっていられないのだ。

國分氏は、退屈から逃れるうえで「動物になること」、つまり一つの環世界に留まる力を持つ「動物らしさ」を重要な要素として挙げています。

この動物らしさのことを國分氏は「とりさらわれる」と表現します。人間が新たな環世界に馴染むために、思考を始めざるを得なくなる。この瞬間、人は退屈から逃れられるのだと。つまり、動物らしさが人間に立ち現れるのは、自ら作り上げた環世界やその中にある習慣が変革を迫られたときです。

世界を揺るがすニュースでもいい、身近な出来事でもいい、芸術作品でもいい、新しい考えでもいい。環世界に「不法侵入」してきた何らかの対象が、その人間を摑《つか》み、放さない。その時、人はその対象によって〈とりさらわれ〉、その対象について思考することしかできなくなる。

もちろん、失業や親しくしている人との離別など、好ましくない環世界の変動もあります。しかし、これらの不法侵入に限らずとも、人間には自ら新たな環世界に飛び込み、そこで圧倒されながらも、自らの思考体系を築く力があるはずです。そして、そこで得た発見を馴染みのある環世界に持ち帰ることだってできます。その身体的な（あるいは知的な）移動こそが、人生の躍動感、ひいては幸福感に繋がるのではないでしょうか。

これらの話を踏まえて重要だと感じるのは、自分がどんな環世界に属しているのか、そしてその環世界に自分は退屈していないか、と自問する工程です。自分が属する環世界に気がつけば、自分が慣れ親しんだ場所をあえて離れ、違う環世界に旅することだってできます。たとえば、ＤＤをすればデジタル機器のない環世界を、都市部から離島に行けば自然に密着した人たちの環世界を味わえます。

オンライン上であれば、いつも訪れるアプリを離れ、違うアプリ上で飛び交う情報を得ることで大きな発見があるかもしれません。新しい趣味を始めてみるのも良いでしょう。この環世界の行き来こそが、「オール・ニュー・アゲイン《すべてをまた新しく感じる》」状態を作り出し、私たちの生活に新たな視点を与え、人生をより豊かにしてくれるでしょう。

少しだけ自分の安全地域（環世界）を離れると、また戻ってきたときに自分の属していた環世界を新しく感じられるはずです。異なる環世界で学んだことや気づきを、自分の今までの生き方に活かせるかもしれません。定規社会の中で自分なりの尺度（つまり、定規）を持って、（世界に測られるのではなく）自分が世界を測るためには、この環世界の行き来の中でこれまで自分自身に当てていた定規以外の新しい定規を探す外ないのです。

現代人は「スペパ」を求めよ

ここまでお話しした通り、私たちは往々にして目的に対してコストと時間を基準に手段を選びがちです。しかし、そのことが逆に効率面でも悪影響を与えているように思います。イリイチが言うところの反生産性が、過度に強まっている状態です。

そんな現代人にとっての処方箋のような概念が、本書で提示する「スペース・パフォーマンス（スペパ）」です。

個人、そして組織レベルでも新たな思考や交流を創発させ、パフォーマンスとウェルビーイングを向上させる空間は「スペパ」が高いと言えます。この「スペパ」はコスパやタイパを追求しすぎて閉塞感が漂っている人や組織にとってのゲーム・チェンジャーになることでしょう。

この言葉を教えてくれたのは、ＤＤＪのメンバーの一人として関わってくれていたハナちゃんでした。居酒屋で雑談をしていたときに彼女は、「私、次にくるのはスペパだと思うんですよ」と一言。その後、彼女の説明にインスピレーションを受けました。ですので、ここからはこのハナちゃんの編み出した概念をできる限り正確に記しておきたいと思います。

新時代の価値基準「スペパ」では、空間の持つ質が価値の基準となります。事例をもとに、イメージを摑んでもらうのが良いかもしれません。

ＤＤＪは2022年の事業の一つとして、僕の地元である岐阜県養老町で企業向けのワーケーション・プログラムを試験的に開催しました。テーマは、ウェルビーイングと仕事の生産性の双方を高めるワーケーション。ここでは僕も含め、クーリエ・ジャポンの編集者たちが〝被験者〟となって養老町で5日間過ごし、ＯＮの時間（テレワーク施設でリモートワークをする時間）とＯＦＦの時間（ＤＤをして皆でアクティビティを楽しむ時間）を明確に区切りました。

事後のアンケートでは、すべてのメンバーが「心身にポジティブな変化があった」と回答し、プログラム後に「デジタル機器との付き合い方に変化があった」と回答したメンバーは約7割。「寝室スマホをやめるようにしている」「ムダにスマホを触る時間が減った」といった声も聞かれ、その後の生活にも変化が起きたことがわかりました。

興味深いのは、メンバーの中から「チャットだけではわからない同僚の人柄に触れられ、その後のコミュニケーションがしやすくなった」といった感想が寄せられたことでした。クーリエ・ジャポン編集部はコロナを機にフルリモートワークを導入しました。僕自身が編集部に加入したのもコロナ禍の最中であり、仕事を始めて1年経っても、同僚や先輩に直接会ったことがないという状況でした。

働く時間と場所の制限がなくなったことで海外在住の編集部員が加わり、組織が多様化した反面、メンバー同士の顔が見えづらくなり、些細な相談事や雑談のハードルが上がりました。共に働くメンバーの感情の機微はチャットや画面越しの通話では感じにくいもので、オンライン上のみで信頼関係を築くのが難しいのも事実です。

しかし、ワーケーションで普段は別々に仕事をしているメンバーが同じ場所に居合わせ、寝食を共にすることはチーム・ビルディングの場としても機能したのです。

マニュアルで言語化したとしても、企業の文化や暗黙知（経験や感覚、直感的な理解に基づく個人の知識）まで伝えることは不可能です。オフィスにいれば、先輩たちがどのように業務を進めているのか、どのような人たちがどんな業務に携わっているのかを肌で感じられます。何より、そこに居合わせるメンバーたちが醸し出す雰囲気が蓄積していくことでそのチーム独自の文化が生まれ、雑談などのちょっとしたコミュニケーションから思わぬ着想を得られることもあります。

誰かが話していると、近くで仕事をしていた人が「あぁ、そのことなんだけどね」とアドバイスを投げかけ、それに応じて他の人も会話に参加する……ワーケーションでは、そのような偶発性のあるコミュニケーションも多く見かけられました。


さて、このワーケーション、コスパとタイパの視点から評価すれば、はっきり言って「恐ろしく悪い」もの。PCでどこでも仕事ができ、テキストやオンライン会議で業務は遂行できるにも関わらず、わざわざ皆が家を出て、数時間かけて養老町まで来ているのですから。

それでも、養老町でしか生まれなかった空間があり、その空間で皆が一緒に過ごすことで信頼関係が強まり、その後のリモートワークでもコミュニケーションが円滑になりました。これこそがスペパの重要性であり、コスパやタイパといった尺度から離れるからこそ生まれる価値が確かにあると考えます。

第7章 ゲーム・チェンジャー「スペパ」

重要なものがすべて、数値化できるわけではない。
数値化できるもののすべてが重要なわけでもない

——ウィリアム・ブルース・キャメロン[1](社会学者)

固まりすぎた自分をデトックスし、脳のしがらみから自由になるうえで、スペパは大きなヒントをもたらしてくれます。養老町のワーケーションの事例では、普段の仕事の環境を大きく変えることでチームに一体感が生まれ、オンライン上では難しかったコミュニケーションが可能になりました。仕事における環世界を大きく変えたことで、その効果が得られたのです。

ＳＴＥＰ１やＳＴＥＰ２も、ある意味ではスペパの概念に通じるものがあります。

ＳＴＥＰ１ではＤＤについて取り上げましたが、これもデジタルの環世界から離れたアナログの環世界に浸るからこそ、新たな発見があるわけです。

ＳＴＥＰ２でもカイロス時間とクロノス時間の空間を自ら線引きして双方の空間を行き来することで、人生を多角的に捉えることができます。

そう考えると、意図的に環世界を変えていく、つまり自分が居合わせる空間を積極的に変えることで、固化した自分（自我）から抜け出し、より自由な発想がもたらされるのではないでしょうか。

本章では、具体的にどのような空間に自らを置くべきなのか、自分に心地良くも新鮮な「揺らぎ」を与えるための方法、スペパについて考えていきましょう。

1 他者との交わりから自分を見つける
——バフチンとメロン

対話こそ最高のメディア

ドストエフスキーの作品研究などで知られるロシアの文学者ミハイル・バフチンは、自身が提唱する「対話理論」において、人間にとっての対話の重要性を深く考察しました。[2] 彼の理論は文学の世界を超え、コミュニケーションのあり方を考えるうえでも適用されています。

バフチンは、ドストエフスキーの小説の持つ独自性を「ポリフォニー《多声性》」という言葉で示しました。ドストエフスキーの小説に登場する各人物は、それぞれ独立した「声」を持ち、対等な立場で互いに影響を与え合う構造を指します。

ドストエフスキー以前の伝統的なスタイルを踏襲した小説では、登場人物の意見や価値観はしばしば作家の意図に統合され、ある意味で「作者の声」に従って描かれることが多かったのです。しかし、ドストエフスキーの作品では、登場人物たちが各自の思想や世界観を持ち、独自の視点から発言する点が特徴的だとバフチンは考えました。複数の「声」が共存することで、作品全体が一つの「合唱」のような構造になっているのだと。

さらにバフチンは、対話とは単に情報を交わす行為を意味するのではなく、互いに異なる視点や価値観が関係性を持ちながら存在することだとしました。異なる意見や立場が自由に衝突し、共存する——このような開かれた構造によって、ドストエフスキーの作品は単一の結論に収束することを拒んでいると、バフチンは説きます。

興味深いのは、この対話の関係において「他者の存在」が、自分に新たな問いを投げかけ、自己認識を深める要素として機能するとバフチンが指摘している点です。

ポリフォニーとモノロゴス

他者の心に触れることでしか、私たちは自らのことを知り得ないのかもしれません。

たとえば、イルカは頭の中に「メロン」と呼ばれる脂肪組織を持ち、このメロンが暗闇の海の中でも方向感覚を保つためのレンズとして機能します。イルカは、喉元にある音波を発する器官からクリック音を出し、その音が前方に放射され、物体に当たって撥《は》ね返ってきたエコーを受け取ることで、周囲の状況を「音」で捉えます。この機能があるからこそ、イルカは暗い海中や遠く離れた場所にいる獲物や障害物も認識することができるのです。

バフチンの考察と併せて考えると、対話は人間にとってイルカのメロンのような役割を果たしているようにも思えます。前章で私たちは不可変の存在ではないと述べましたが、私たちは対話をする過程で、自分の発話に対する相手の返答や相手からの発話によって、相手への理解も深まり、同時に自分への理解も深まります。

たとえば、自分では意識していなくても、誰かのふとした発言に強烈に共感したり、反対に強烈な嫌悪感を覚えたりした経験があるはずです。自分が思っていたことを話し、相手が思ったような返答をしなかったときには、「あれ、何か自分の言っていることは矛盾しているかな」「自分の言ったことでひょっとしたら誰かが嫌な思いをしているかな」と内省の機会を持つことにも繋がります。対話をしている相手の中でも同じようなプロセスが生まれていて、そのような対話の連続が互いを作り合っているのです。生きていくうえでの方向感覚を、私たちは対話から養っているとも言えるのではないでしょうか。

さて、バフチンはポリフォニーの対極にあるのは、「モノロゴス《単声性》」だと述べています。一つの声、すなわち単一の視点や価値観がすべてを支配し、異なる意見や考え方を排除する構造のことです。単声の世界では、当然、互いに自分を作り合う関係は生まれません。

しかし、これまでにフィルターバブルやエコーチェンバーについて考察してきた私たちは、デジタル上では単声的な言論に浸る傾向にあることに気づくはずです。異なる意見に耳を傾けるどころか、異なる意見を「異端」として炎上させてしまう。異なる意見を持つ人たちを、「馬鹿だ」「敵だ」と決めつけてしまう。こうして個人が対話を通じて自分を理解したり、考え直したりする機会を失い、そのような個人に溢れる社会になっていくと、どうなってしまうのでしょうか。

他者に触れて、自分を知る

リアルな場所での人との対話は、非常に有機的です。自分が何かを発すると相手は言葉だけではなく表情やちょっとした沈黙など、有機的なフィードバックを返してくれます。そして、それぞれが知っていることや感じたことを交換し合うことで、驚いたり、感動したり、納得したり、時には喧嘩をしたりするかもしれません。しかし、そうしたプロセスこそが自分や相手への理解を深めていく。その営みこそ、最も尊いものだと思いませんか?

いつからか、対話は非効率なものとしてテキストやビデオ会議で済まされるようになりました。時計時間の中であくせくと働き、あらゆること(そう、余暇までをも)コスパとタイパで測るようになってしまいました。そして、対話についてメディアがよく書き立てるのは「相手を動かす伝え方」「雑談の技法」といった類のものです。「論破」なんて言葉も、よく聞きますよね。

いつから対話は、ただ自分の要求を首尾良く伝えるためのものに成り下がってしまったのでしょうか？
いつから対話は、ただ目の前の相手を論理的にやっつけるものに成り下がってしまったのでしょうか？
対話の中では、結論らしきものが出なくても良いのです。そして、自分の意見が明確にならなくても、なにもカッコ悪いことではありません。それよりは、自分が対話の中で感じたことや思いついたことを述べたり、相手の発話によって自分がどう感じるかを観察する時間にしたほうがはるかに有意義でしょう。翌朝起きて「昨夜、何を話していたか覚えてないけど、なんか楽しかったなぁ」「なんかスッキリしたなぁ」ぐらいの感覚が残るだけでも、充分なのです。

コロナ禍において、リアルな対話は恐ろしくリスキーな行為となり、私たちは対話に制限が設けられるという未曾有の事態を経験しました。もちろん、全体最適としての施策を考えると、このような施策も致し方のないことだったのかもしれません。その是非を問うことよりも、コロナ禍を終えた今、私たちは対話の機会を積極的に取りにいくべきです。

まずは立ち止まり、一休みすること。
これが社会変革の第一歩になる。

本書の冒頭で、このように書きました（38ページ参照）。改めて、大層なことを言ったものです。

しかし、私たちがデジタル機器上の情報氾濫から逃れ、コスパやタイパから離れ、自ら守った余暇の時間と注意資源を対話に充てることができたのなら、少しずつながらも社会は良い方向に流れていくでしょう。ですから、冒頭の一文に少し書き足すとするとこうなります。

まずは立ち止まり、一休みすること。
そして対話の時間を取ること。
これが社会変革の第一歩になる。

対話が不足しがちな時代、私たちは再び「対話の生き物」への道を目指すべきではないでしょうか。

2 個人で「スペパ」を取り入れる

スペパの高め方①：自然に出る

ここまで、ゲーム・チェンジャーであるスペパについて、対話の視点からお話ししてきました。ここでは、一人でもできるスペパを高める方法を三つご紹介します。キーワードは、「移動」。身体の移動も思考の移動もテクノロジーによって格段に高速化されましたが、スペパを高めるためにはこの移動をじっくりと行ってみましょう。

私たちの祖先は、自然の中で暮らしてきました。私たちの身体は何千年ものあいだ、自然の中で最適化するように進化してきたのです。自然の中でこそ、私たち人間が持つ真価が引き出されるのかもしれません。そのことを示す研究は数多くありますが、まずは「バイオフィリア仮説」について触れたいと思います。

バイオフィリアという用語を提唱した社会心理学者のエーリッヒ・フロムは、この言葉を「生命とすべての生きているものに対する情熱的な愛である」と表現しています。[3] この自然に対する愛情を、人間は生まれながらにして持っているとフロムは考えました。自然界は人類の祖先にとって大変厳しく、脅威に満ちたものでしたが、人間はその中でストレスから立ち直る方法を習得してきたのだ、とバイオフィリア仮説では人間が自然の中にいるだけで心の平静や認知機能を取り戻す力を得られると仮定しています。

このバイオフィリア仮説は、正しいのでしょうか。

サセックス大学の経済学者ジョージ・マッケロンによる大規模な調査を見てみましょう。[4] 彼はスマホアプリ「マッピネス」を開発し、2万人の被験者に対して1日2回、ランダムな時間に通知を送り「今の気分」と「今やっていること」に回答してもらいました。被験者の場所はGPSで特定し、その場の天気などと照合します。

結果、「誰といるか」「何をしているか」も重要な要素ながら、「どこにいるのか」が被験者の幸福度を左右する大きな要因だと判明したのです。

さらに、「豊かな自然に身を置いているとき」は都市部にいるときよりもはるかに幸福度が高いこともわかりました。

日本でも、森林浴がもたらす効果は示唆されています。2014年に発表された研究によれば、自然の中で過ごした被験者は、都市部の被験者に比べ、以下のような変化が見られました。[5]

・ストレスの指標であるコルチゾール値の低下（12・4％）
・血圧・心拍数の低下（闘争反応の低下）
・副交感神経の活動は被験者の55％で増加（リラックス効果）
・免疫機能の指標であるナチュラルキラー細胞の活性が56％増加

同研究では、自然の中で過ごした被験者が都市部に戻っても、ナチュラルキラー細胞の活性が1ヵ月ほど続いたとも報告されています。

ＡＤＨＤと診断された子どもたちが公園で20分間の散歩をするだけで、集中力が上がったと報告する研究もあります。[6]「自然の投与」がＡＤＨＤの安全かつ安価な改善策になり得ると結論づけられているのです。

森林浴の効果の秘密は、「フィトンチッド」にあるようです。さまざまな研究によって、樹木や植物が放出する揮発性の物質であるフィトンチッドには人をリラックスさせたり、脳を活性化させたりと、人間に力をもたらす効果があることがわかっています。[7]フィトンチッドは天然抗菌・防虫剤のようなもので、樹木が自らを守るために生成しており、空気中に放出されることで周囲の環境を清浄化しています。主な成分はテルペン類と呼ばれる有機化合物で、香辛料やハーブ、たまねぎ、ニンニクを始め、ナラ、スギ、マツ、ティーツリーなど多く植物に含まれます。自然の中にいると「身が清められる」感覚がするのは、このフィトンチッドによるところが大きいのです。これだけの効果が示唆されているのですから、とにかく自然に触れる時間は少しでも増やすべきでしょう。自然こそ、人間の力を引き出してくれる最高の相棒なのです。

ちなみに、「自然を感じられる環境にいるだけで、心身の状態は改善する」ことを示唆する研究もあります。[8]ですから、自然豊かな場所になかなかアクセスできない場合でも自然の絵画や写真、観葉植物やアロマを身の回りに置くことから始めてみるのをおすすめします。

スペパの高め方②：日常に小さな儀式空間を作る

コロナ禍では、多くの人が仕事とプライベートの区切りをつけることが難しくなりました。生活のリズムが乱れた人も、多かったのではないでしょうか。リモートワークでは通勤のストレスが軽減されるメリットもありましたが、実はこの通勤の儀式が仕事とプライベートの境界線を敷くうえで大きな役割を果たしていたとする論説があります。

「アトランティック」が2021年に掲載した記事「通勤の心理学的効用」において、著者のジェリー・ユシームは通勤がなくなったことで自らの「プロフェッショナルとしての意識」が希薄化したと感じ、意図的に通勤の代替策を取り入れるよう工夫したと書いています。[9]

たとえば、図書館でのリサーチやカフェでの執筆、あるいは職場風の服装で職場外での仕事に臨むなど、特定の環境や行動を通じて仕事へのモードを切り替えようとしています。このように、通勤によって得られていた「心理的準備」の効果を補う工夫が必要だと感じたのです。

ハーバード・ビジネス・スクールのジョン・ジャチモヴィッツ助教授によれば、通勤は職場と家庭の役割を明確に区切る「境界」を設定する儀式的な行為です。[10] 人は異なる役割を持ち、通勤がその切り替えを促進する役割を果たしています。通勤がないことで境界が曖昧になり、家庭と仕事が混ざり合い、「役割の混濁」が起きることで、精神的な疲労やストレスが増大する人もいます。

また、企業文化の専門家エズラ・ブックマンは、記事の中で通勤に代わる儀式の重要性を説き、照明の調整やスマホを持たない散歩、またはPCを覆う布を用意するなど「小さな儀式」を取り入れることをすすめています。[9] これにより、仕事と私生活の切り替えが促進され、リフレッシュ感を味わえると言うのです。

私たちは、身を置く空間によって驚くほど挙動が変わる生き物です。天井の高さが変わるだけで思考の方向性が変わると示唆する研究もあります。[11] 何かに行き詰まったときには、思い切って部屋を飛び出し、異なる環境に移動することでヒントが得られるかもしれません。まさに、

Think outside the box《枠にとらわれずに考える》ですね。

スペパの高め方③：フィクションの空間に浸る

学生時代、映画館でトム・クルーズ主演の『ミッション・インポッシブル』を観たあとのこと。エンドロールが流れ、皆が席を立って劇場から去っていくのですが、男性客たちが心なしか肩で風を切るように、大股で歩いていました。僕もその一人。涼し気な顔をして化粧室に入り、鏡で自分の「薄い顔」を見て唖然《あぜん》としたのです――「あぁ、僕はトム・クルーズではなかったんだ」。同じことは、ブラット・ピットの『ファイト・クラブ』を観たあとでも起こりました。

子どもの頃は、よく大好きなフィクション作品の登場人物になりきって、そのキャラクターのように振る舞ったものです。そのような経験、きっと皆さんにもあると思います。フィクション作品は空想上のものでありながらも、そこで登場する人物や語られるストーリーは私たちに大きな影響を与えます。2003年に放送されたテレビドラマ『GOOD LUCK!!』では、木村拓哉が若手の旅客機パイロットを演じましたが、放送直後には航空業界へ就職を希望する人が急増しました。

私たちは、自分以外の人生を生きたいという願望を有しているのかもしれません。そして、それは自然なことです。そこで、最もお手軽に自分以外の人生を生きる方法が、フィクションの世界に入り込むこと。フィクションの世界に入り込むことで自我が解け、「こんな考え方もあるのかもしれない」「こんな生き方も面白いかもしれない」と、新たな視点を得られるのです。

自分の身体を使って移動し新たな世界を体感できる旅に代わるものはありませんが、体力やお金、時間の限界はあります。ですから、フィクションの世界に浸りながら異世界を旅したり、普段は会わない人たちと対話し、新たな気づきを現実世界に持ち帰る機会も大切にしたいものです。

名作『失われた時を求めて』で知られる小説家マルセル・プルーストは、「読書の神髄《しんずい》は、孤独のただなかにあってもコミュニケーションを実らせることのできる奇跡にあると思う［ルビは著者］」という言葉を残しています。[12]

読むことが脳に与える影響を研究するメアリアン・ウルフ（UCLA大学院・教育情報学部「ディスレクシア・多様な学習者・社会的公正センター」所長）は、読むという行為を通して、登場人物たちとコミュニケーションを取り、「一緒にいると感じる能力」が養われると述べています。[13]

椅子に座りながらも、私たちはフィクションの中の他人の心境に入り込み、他者の視点を経験し、自分の元へと帰ってくる。ウルフはこのプロセスを、「私たちがもともとの限定された世界観から別の世界観へと入り、そして広くなった自分の世界へともどる」ことと表現しています。[13]

まさに、環世界の行き来ですね。自分のこれまでのものの見方に加え、他者の視点を加えることで自分という容器がさらに広がっていくのです。また、精読によって他者への共感力も養われます。

読書が脳に与える影響については、研究が進んでいます。

スタンフォード大学の研究では、フィクションを「しっかり読んだ場合」にどのような変化が脳に起きるのかを観察しました。その結果、被験者（文学科の院生）に精読するように指示しただけで、脳の運動や触覚に関する部位まで活性化することがわかったのです。被験者の脳の反応について、研究を主導したミシガン州立大学教授のナタリー・フィリップスは「読者は作品の中に物理的に身を置き、分析しているかのようだった」と語っています。[14]

本の内容以外のことに気が散ってしまう状態では、じっくりと作品の中に移入できません。しかし、アテンション・エコノミーの中で私たちが一つの作品に浸ることは難しくなっているのも事実です。フィクションの世界に浸るうえでも、注意配分の主導権を自らに手繰り寄せる、DDの所作が役立つはずです。ちなみに研究結果を見ると、紙で読む文章のほうがスクリーン上で読む文章よりも理解しやすい傾向にあるようです。[15]

しかし、タブレットやスマホで手軽に作品を楽しめる利点ももちろんあります。その際には通知をオフにするなど、できるだけ読むことだけに没頭できる環境を整えましょう。

読書を含め、映画や音楽、アニメ、アートなど創作の世界に浸る時間は、心地良い「自我の溶解」をもたらしてくれます。何より良いことは、作品に浸って自我が溶け出したあとに、またちゃんと固まり、これまでになかった考え方が自分にくっついてくることです。そして、その良さを皆で分かち合えることも創作物を味わう素晴らしさです。

人生は、自分で居続けるには長すぎます。それに、自分で居続けることにこだわっていると、遅かれ早かれ行き詰まりを感じてしまうでしょう。凝り固まった自分から離れられる体験をもたらしてくれる図書館や書店、映画館や美術館に立ち寄る時間を、どうか忘れずに。

スペパの高め方④：リアルで人に会う

「オンラインで集まって皆で雑談を楽しんだり、テキストでもコミュニケーションを取ったりするのではダメなのか？　オンライン上の空間だってスペパになるのではないか？」という質問も飛んできそうですので、もう少し補足をしたいと思います。

まず、オンライン上の空間のスペパがゼロではないということについて。

雑談ができるグループチャットを作ったり、定期的にオンライン上でチームメンバーが集まる場所を作ることにも効果はあるでしょう。しかし、生身の身体が同じ空間に居合わせることで得られる効果は多岐に及ぶことをさまざまな研究が示唆しているのです。

MITなどの研究員たちは、経済学や心理学のプロジェクトに取り組む複数のチームを調査しました。[16] 参加者には、ソシオメーターと呼ばれる特殊な小型機器を装着してもらい、メンバー間で交わされる会話の時間や身体的な距離などを測定しました。

プロジェクト後に、各メンバーがチームで生まれた品質や創造性を5段階で評価したところ、次のことが明らかになりました。

・メンバー同士が顔を合わせる頻度が高いほど、クリエイティブな仕事ができた
・アイコンタクトの頻度が高いほど、さらにチームの創造性が高まった

研究員たちは、「信頼関係を築くうえで、対面でのコミュニケーションに取って代わるものはない」と結論づけています。

コロナ禍の最中に刊行された米誌「MITスローン・マネジメント・レビュー」の記事にも、組織のメンバー間の繋がりが希薄になると、他のメンバーへの信頼度や組織への帰属意識が低下

すると書かれています。[17]

そして、デジタルを介したコミュニケーションにはこの繋がりの構築を阻害する要因があるとして、いくつか興味深い研究報告を取り上げています。たとえば、オンライン上ではネガティブになりやすい[18]、他者に対してより厳しい判断を下す傾向がある[19]、対面でやり取りするよりも協力が得られにくい[20]……など。

そして、デジタル上は注意資源を他の事柄（チャットの通知など）に奪われやすく、コミュニケーションの質が損なわれやすいことは、これまでの章でも考察した通りです。

また、「フォーチュン」の記事では、信頼関係は「無意識での同期行動」によって築かれることが紹介されています。[21]私たちの瞳は、対面する相手の瞳に連動して大きさが変わります。その他にも、相手の声のトーンや姿勢、ジェスチャーなどの非言語コミュニケーションを知らず知らずのうちに真似しているというのです。

ビデオチャットで相手の顔や声を認識できても、こうした非言語の部分まで読み取ることは難しいもの。とはいえ、今もなおテレワークを継続している企業は多く、今後もテレワーク主流の働き方は続くでしょう。

「MIT スローン・マネジメント・レビュー」はリモートワークにおけるアドバイスとして、アイコンタクトを意識しながらビデオチャットを行うことや、テキストでのやりとりにもユーモアや雑談を交え、チームとしての結びつきを感じられるようにすることが大切だと述べています。

話し相手を目の前にしたときに重要となるのが、非言語コミュニケーションです。デジタル機器でのチャットやメールは、基本的に非言語コミュニケーションを介しません。しかし、言語情報だけで伝えられることには限度があります。

会って話せば数分で終えられる議題が、チャットで永遠と続いてしまう。相手に伝わっているかわからないまま話が進み、認識のすれ違いが起きてから気づく。こうしたコミュニケーション・エラーは、ビジネスシーンにおいても散見されます。

声色や姿勢、目線などの非言語コミュニケーションは、相手に与える印象を左右します。そのため、お互いの反応を見ながらコミュニケーションを進めることは、良好な人間関係を築くためには欠かせません。しかし、オンラインチャットなどではこうした相手の反応はないがしろにされがちです。ビデオ会議ではそもそも相手の肩から上しか見せないため、非言語情報を汲み取ることが難しく、通信によって軽微な遅延も生じるため、仮に相手が自分の言ったことに対してちょっとした沈黙や表情によって困惑を示したとしてもそれを見逃してしまいやすいのです。

よく「コミュ力」と言いますが、言語学ではこのコミュ力を四つ――文法能力、社会言語能力、談話能力、ストラテジー能力――に分類して考えます。相手の反応に合わせて自身のコミュニケーションの取り方を柔軟に変える力が「ストラテジー能力」なのですが、ビデオ会議ではこの能力をうまく発揮するのが難しくなります。テキストでのコミュニケーションの場合は、さらに情報量が制限されます。

このようにデジタル上では、リアルでの対話に比べて情報量が制限された状態でコミュニケーションが行われるので、当然エラーが起こる可能性も高まります。そのうえ、そのようなツールだけで信頼関係を構築するのは至難の業です。

だからこそ、コスパやタイパに偏った思考ではなく、スペパの高い空間の力を借りて、現代に不足しがちな良質なコミュニケーションの時間を補うという発想が必要だと、ここで提言をしておきます。

断っておくと、決して僕は「出社型のワークスタイル」を推奨しているわけではありません。むしろ、企業が働く場所と時間を指定することで人生の自由度は大きく変動するので、自分が働き手であればフルリモートでも働ける環境を求めます。リモートワークの弊害にも目を向けつつ、スペパを高めたほうが円滑に進むことがあるのであれば、対面でのコミュニケーションを選べるような柔軟な働き方が理想だと考えています。

3 戦略的〝ムダ〟

ランダムを愛そう

お笑い芸人のバカリズムさんが、ある大喜利の番組でこんな回答をしていました。

【お題】タイトルコールを聞いた瞬間切りたくなるラジオ番組とは？
――昨日の天気

思わず笑ってしまったと同時に、いかに人が未来に起こりうることにしか関心がないのか、その真理をついた回答にも思えました。私たちは天気予報、株価予測、トレンド予測などの科学的な知見に基づいた予測から占いまで、この先に何が起きるかを知りがたる生き物です。そして、この先に起きるであろう予測のストーリーを前提に、打算的に、効率的に生活しようとします。
裏を返せば、私たちは偶然に起きること、予期もしないこと、つまり「ランダム（偶然）な事柄」に対して身構える生き物です。私たちは100％死ぬことがわかっているのに、死亡保険に加入し、〝万が一の死亡〟に備えるのです。

テクノロジーが発達し、いろいろなことが予測可能になりました。でもだからこそ、言いたい。「世界を作っているのは偶然だ」と。

世界で初めて発見された抗生物質「ペニシリン」は、偶然の産物でした。実験室の培養皿にカビが生えていたら、通常であれば廃棄していたでしょう。しかし、それに気づいた細菌学者のアレクサンダー・フレミングは、カビの周囲に細菌が生育しないことを観察し、研究が進んでペニシリンが誕生しました。この「偶然の発見」が、医療に革命をもたらしたのです。

X線もナイロンも、カフェインもコカ・コーラの配合も、研究や製品開発の過程で偶然見つかった産物であり、意図せぬ発見が今日私たちの目の前にある当たり前の世界を作り出しています。

この偶然がもたらすイノベーションを人工的に再現するため、「ランダム」を戦略的に取り入れる企業もあります。その筆頭が、Googleです。従業員が自分の本来の仕事とは別に、週の20%を新しいプロジェクトに自由に使える「20%ルール」を導入し、社員が好奇心やインスピレーションから新しいプロジェクトに取り組めるように促しました。このルールから、GmailやGoogle Newsといったサービスが生まれています。

ちなみにGoogleはオフィスのレストランにカウンター席を設けず、あえて個食ができないような空間設計を施しています。これにより違う部署の人たちとの相席が生まれ、新たな着想が生まれるきっかけを作っているのです。Gmailのアイデア自体は、相席で生まれたと言われています。[22] これも、スペパを高める好例と言えますね。

続いて、日本のバイオテクノロジー企業のユーグレナ。同社は、「6：3：1の投資ルール」を定めています。直近の事業に役立つ研究に6割、中期的に役立ちそうな研究には3割、そして、現時点では何に関係するかまったくわからない研究に1割の予算を割くそうです。[23]

このルールは、個人の生活にも当てはめられそうです。僕はこの話を聞いて、読書で「6：3：1の投資ルール」を実践しました。読書では、直近で役立ちそうな内容や自分の興味のある内容の本ばかり読んでしまいがちですが、ネットで欲しい本を購入するだけではなく、リアル書店を練り歩いて、まったく関係ない本を読むように心がけています。リアル書店は店舗によって選書も異なりますし、いつもは訪れないジャンルの本棚の前をただ歩くだけでも意外に面白そうな本が見つかるものです。そういう意味では、リアル書店もランダムな発見がしやすいスペパの高い空間と言えます。

ご紹介した事例は、やはりコスパやタイパの観点で言えば良いとは言えません。しかし、何かとの偶発的な出会いが長期的には大きな影響をもたらす可能性があると考えると、私たちは予定調和になりがちな毎日に少しでも偶然のエッセンス――戦略的〝ムダ〟を加えてあげることが重要に思えます。

人生を変える〝偶然〟に出会うために

「里親の預貯金を大学入学で使い果たしたものの、その後大学で単位を取ることに意義を見出せず、退学。その後はキャンパス内を練り歩いては、興味のある授業だけこっそりと聴講していた。このときに受けたカリグラフィー（文字を美しく見せる手法）の講座で、彼は手書きの美しい文字に感銘を受けた。後に彼は、シンプルで鮮やかなフォントを掲載するコンピュータを生み出した。」

これはAppleの生みの親、本書でも何回か登場したスティーブ・ジョブズのエピソードです。彼は2005年のスタンフォード大学卒業式のスピーチに、この体験を「当時は、これがいずれ何かの役に立つとは考えもしなかった」と明かし、最初のマッキントッシュの設計時にカリグラフィーの講座で聞き齧《かじ》った知識がよみがえってきたと語っています。[24]

そして、彼のスピーチは「点と点を結ぶ」話へと繋がっていきます。

〈中略〉将来をあらかじめ見据えて、点と点をつなぎあわせることなどできません。できるのは、後からつなぎ合わせることだけです。だから、我々はいまやっていることがいずれ人生のどこかでつながって実を結ぶだろうと信じるしかない。運命、カルマ…、何にせよ我々は何かを信じないとやっていけないのです。私はこのやり方で後悔したことはありません。むしろ、今になって大きな差をもたらしてくれたと思います。

僕は学生のとき、必死で就活する周りを尻目に音楽活動をしたり、日本語教育の講座を受けたりと、完全にレールを外れていました。それで良いんだと強がっていたものの、内心は不安でした。そんなとき、お守りのように毎日聞いていたのがこのジョブズのスピーチです。

改めて彼のスピーチを聞き直すと、自分が興味・関心を持てる事柄を素直に追求することの怖さについても、認めているのですね。だからこそ「信じるしかないのだ」と。

確かに予期できないことが起きるのは怖いですし、おおよその予想図に従って今やるべきことを逆算したほうが合理的で自分を納得させやすいものです。それでも、自分が想像したこと以上のことが起こらない人生なんて、はっきり言って退屈だと思うのです。人が想像できる未来なんて、所詮は自分の知識の範疇にすぎません。だから、自分の頭の中の想像だけで人生のロードマップを描いていてもいけない。偶然のダイナミクスに、身を委ねることも大切だと思うのです。そして心躍るような、ワクワクするような内受容感覚に耳を傾けて行動することが、偶然に出会うためのコツでもありそうです。ジョブズは、スピーチでこうも語っています。

あなた方の時間は限られています。だから、本意でない人生を生きて時間を無駄にしないでください。ドグマにとらわれてはいけない。それは他人の考えに従って生きることと同じです。他人の考えに溺れるあまり、あなた方の内なる声がかき消されないように。そして何より大事なのは、自分の心と直感に従う勇気を持つことです。あなた方の心や直感は、自分が本当は何をしたいのかもう知っているはず。ほかのことは二の次で構わないのです。

思い返して見れば気づく通り、人生は偶然の連続であり、偶然が育んだ土壌の上で私たちは生きています。生まれた場所、親、クラスで隣になった友人、職場で出会ったパートナー、たまさか開いた雑誌にあった言葉、好きになった人が好きなこと、すべて偶然の出会いであり、そんな出会いが人生を劇的に変化させているはずです。

あなたの人生の中で起きた大きな出来事の背後には、偶然の仕合せがあったのではないでしょうか。ならば、時として、脳が創り出した予定調和や資本主義が是とする効率的な思考で舗装された道を外れ、あえて偶然の発見に満ちた獣道を進んでみたって良い。もっと私たちは、人生に偶然が訪れる機会を増やしていくべきです。そして、その偶然に気がつくだけの余裕――〝暇〟も。

もちろん、ただ破天荒に生きろと言っているわけではありません。

しかし、今日から自分の人生に、少しだけでも「ランダム」を組み込んでみてはいかがでしょうか。人との対話が生まれる場所、自然の中の散策、フィクションの世界など、ランダムな発見に触れられる空間に身を投じてみてください。

付録

数分でもOK!
今日からできるDD
実践法

本編では、ご紹介できなかったＤＤの実践法を六つご紹介します。すぐに取り組めるものばかりですので、ぜひ日常生活に取り入れてみてください。

１　デジタル・フリーゾーンを作る

デジタル機器を使わない場所や状況を決め、デジタルとアナログの境界線を敷いてみましょう。「三上」の教えに習い、まずは寝室やトイレ、移動中にスマホを触らない時間を作ることがおすすめです（１８２ページ参照）。

普段、大量の情報をさばく脳は知らず知らずのうちに疲労を溜め込んでいきます。こうしたマイクロストレス（知覚できない小さなストレス）は、マイクロブレイク（こまめな休息）で対処しなければなりません。

また、人と話すときや食事中はデジタル機器を鞄の中にしまう、机の上に置かないなどのルールを自分の中で定めることで、目の前のことにより集中しやすくなりますよ。

２　ＳＮＳの利用バランスを考える

ＳＮＳを使用する際のルールを定めておきましょう。利用ルールとして参考になりそうなものを挙げておきます。

・基本は、投稿のために使う
・不快な気持ちになるかどうかを基準に、フォローする人や友人リストを見返す
・アプリをスマホに入れず、必要なときだけPCで使用する
・使用する時間や曜日を決めておく（日曜日はデジタル安息日としてSNSを休む）
・スマホの画面をグレースケールにする
・仕事中や休憩中に「ながら見」をしない

スマホの画面をグレースケールにすることは、2020年に実施された研究で実際に効果が得られています。[1] 大学生161人のうち、73人の学生に8～10日間スマホの画面をグレースケールに変更してもらいました。その結果、グレースケールに変更した学生は、1日目と比べてSNSとネットサーフィンに費やす時間が有意に減少しただけでなく、スクリーンタイムが1日平均37・90分と有意に少なかったのです。スマホの画面をグレースケールにするだけでも、こんなにスマホから離れられるようです。

3　SNSの二拠点生活

「2．SNSの利用バランスを考える」と重複するかもしれませんが、より高度な方法をご提案します。それが、SNSの二拠点生活です。都市部と地方のように、異なる二つの場所で生活す

るように、月の半分はＳＮＳを使い、もう半分はＳＮＳを使わない生活を指します。ＳＮＳを使用するときは、発信したり、周りとの交流を楽しんだり、ＳＮＳ上のトレンドを摑んだりと、ＳＮＳライフを謳歌します。

残りの半分はＳＮＳアプリをアンインストールし、静寂な時間を楽しみます。仕事の都合でどうしても投稿や連絡が必要な場合は、ＰＣからログインしましょう。

このＳＮＳを行ったり来たりする生活の利点は、双方の生活の「良いところ取り」ができること。たとえば、ＳＮＳを使わない期間は目の前のことや人に没頭する時間を楽しむ。そして、ＳＮＳを使う期間中は自分がしたことや思ったことを投稿する。最初はＳＮＳを使わない期間を過ごしていると「思ったことを投稿したい」「この写真をアップしたい」などの衝動に駆られますが、またＳＮＳを使っているときに投稿すれば良いやと思えるようになります（そして、そのときには過去に起きたことで投稿したいと思うことが実はほとんどなかったと気づきます）。

また、ＳＮＳへの「帰還時」にいろいろなことに気づきやすくなります。いかに刺激的な広告や投稿に溢れているかに気がつき、過激なコンテンツに反応することなく、距離を置きやすくなります。

4　ゲーム感覚でＤＤする

ＤＤのポイントは、楽しく、そして、できれば皆でやることです。修行のようにストイックにやる必要は決してありません（無理をしても長続きしません）。できるだけ自分が苦にならない環境でデジタル機器から離れる時間を少しずつ作っていきましょう。旅先など、非日常の空間から始めることがおすすめです。

たとえば、DDJではキャンプ・イベントを開催しています。これも自然の中でDDをしたほうが、デジタル機器の不在をあまり気にせずに済むからです。ご飯を皆で作ったり、焚き火の火をおこしたり、森の中を散歩したり、川に飛び込んだり。そうしているうちに日が暮れ、眠くなってきます。気づけば、何時間もスマホの存在を忘れていたと驚く人も多いです。また、誰もがスマホを手放す環境にいることで自然と対話が生まれ、DDを続けるモチベーションにも繋がります。

コロナ禍では、リアルイベントが開催できなくなったことから、DDJでは「7-DAY DIGITAL DETOX」というオンライン・イベントを開始しました。参加者はLINEのオープンチャット上で集まり、1日一つのお題に7日間チャレンジします。「使わなくなったアプリを削除する」「今日は寝室にスマホを持ち込まない」など、誰でもできるお題ばかりで、参加者はその日のお題ができたかどうか、どんなことを考えたのかを共有します。このイベントではお題をクリアすることが主目的ではなく、1週間を通じてデジタル機器との関係に意識的になることが最大の目的です。オープンチャット上ではありながら、参加者同士の悩みや感想の共有も盛んで、DDを日常生活の中に取り入れるきっかけになっています。

5　最高のDD――運動

PCやスマホを駆使した生活で疲弊した身体を癒やすことも欠かせません。散歩やランニングをするなど、自分の身体の状態に合わせて心地良く身体を動かすことから始めましょう。

実は運動して身体を動かすと、脳にもポジティブな変化が現れることがわかっています。5分間の早歩きをしたあとにブレイン・ストーミングや発散型思考のテストを行うと、約50％もパフォーマンスが上がるというデータがあります。[2] 毎日の生活で実践できる運動（階段をのぼる、荷物を持って歩くなど）を取り入れるだけでも良いのです。

オンラインゲーム「リーグ・オブ・レジェンド」で、20名の若いプレーヤーを対象に調査したところ、ゲーム前に15分間の激しい運動をしたグループのほうが、15分の休息を取ったグループよりもゲームの成績が10％も良いとわかっています。[3]

6　マインドフルな時間を作る

運動に加えて、実践したいのが呼吸法やヨガ、マインドフルネス瞑想です。208ページでご紹介したように、ストレスを低減する効果が認められているだけではなく、内受容感覚を育んでくれます。日常生活に取り入れやすいため、ぜひ仕事に疲れたときに、できれば疲れる前に実践してみてください。

①呼吸法

僕にヨガを指南してくださるベイコン綾子さんは、現代人は「吸気優勢になりやすい」と教えてくれました。「息を吐き切る」ことを忘れがちで、新鮮な空気を取り込めていないことが多いのです。古来より、瞑想をするためにはしっかり坐ること、そして呼吸をしっかり行えることが重要であり、そのための修行として呼吸法やアーサナ（ポーズ）が実践されてきました。「スクリーン無呼吸」になりがちな現代人にとっても、呼吸は意識したいところです。最初におすすめしたいのが、「4秒――4秒――8秒」の呼吸法。リラックスした姿勢で4秒間かけて息をゆっくりと吸い、4秒間息を止め、8秒間かけてゆっくり息を吐き出すことを続けます。僕はサウナで水風呂に入る際に、この呼吸法を実践しています。

②ヨガ

ヨガは、デジタル機器によって緊張状態に陥りがちな私たちの心身を癒やしてくれます。呼吸を大切にしながら、アーサナを変えることで身体の各部位に意識を当てていくので、ヨガをすると気づかなかった身体のこわばりが明確になります。初めてヨガを体験したとき、「身体にこんな部分があったんだ」と感じたことを鮮明に覚えています。それだけ私たちは、自分の身体感覚に無自覚になりがちなのです。

本来、ヨガは瞑想の先の悟りの境地に至るために行われるものでした。現代ではヨガの副次的なメリットが注目されており、特に現代のPCワーカーが抱える腰痛や首肩の痛みなどの解消にも効果が期待できます。僕がヨガを始めて意識的になったのは首、特に胸鎖《きょうさ》乳突筋《にゅうとつきん》です。ここがこわばっていると、風邪を引きやすくなったり、ネガティブな思考に陥りやすくなることに気づき、仕事中でも疲れたら、胸鎖乳突筋をほぐすストレッチやマッサージを取り入れています。ヨガを実践すると、不調のサインを身体感覚から察知できるようになります。

③ マインドフルネス瞑想

注意散漫な「心ここに在らず」の状態から「いまここ」に意識を取り戻し、「気づきの状態」を作り出すのがマインドフルネス瞑想です。仏教に由来するマインドフルネス瞑想は、Googleによって科学的なエビデンスをもとに体系化され、今ではビジネスの世界でも導入されるようになりました。マインドフルネス瞑想を継続することで、ストレスや不安を軽減したり、免疫力をアップさせたりするなど、その具体的な効果も認められています。感情をコントロールする力を育む効果もあり、脳の筋トレとして経営者やスポーツ選手も積極的に取り入れています。

マインドフルネス瞑想において重要なのは、自らを観察し、気づいたことに判断を下さないこと。そして流れ出る思考を無理にせき止めようとするのではなく、ただ受け入れていくことです。川（自分）を眺めていると、いろいろなもの（思考）が流れてきますが、それらを拾おうとするのではなく、ただ流れていくのを見るイメージでしょうか。

DMNが過剰に働きすぎることで反芻思考の状態に陥ることについては触れましたが、マインドフルネスは脳が過剰におしゃべりする状態（モンキーマインド）になることを防ぎ、リラックスした状態をもたらしてくれます。内受容感覚を育むうえでまず大切なのが、自分の状態を客観的に見つめられること。

瞑想と聞くと、座って何もせずにじっとしなければならないイメージを持つかもしれませんが、ヨガや呼吸法もマインドフルネスの一つです。すぐに始めやすいマインドフルネス瞑想の方法を次にいくつか挙げるので、気になるものから早速実践してみましょう。

なお、本格的に呼吸法やヨガ、瞑想を実践される場合は、適切な指導者のもとで学ぶことをおすすめします（独学や聞き齧った知識で実践すると危険が伴うため）。

・食べる瞑想

ナッツなどの食べ物を手のひらに載せ、見た目や匂いをじっくり五感で観察する瞑想です。唾液が出てきたり、早く食べたいなという心身の変化も観察していきます。口の中に入れたら、噛まずに舌触りや口の中で広まっていく風味を味わいます。そして、噛んだあとも食感を楽しみながら、食道に食べ物が通っていく感覚に意識を向けながらゆっくりと味わいます。

・サイレント・ウォーク（歩く瞑想）

移動時間にも実践できるマインドフルネス瞑想法です。歩いているとき、足の裏に感覚を集中させながら、丁寧に歩行を続けます。思考が湧き立ってきたらそれらを受け入れつつも、また足の裏に感覚を集中させます。

ちなみに、これまでにＤＤプログラムを開催してきた中で、参加者の満足度が高いアクティビティの一つがこのサイレント・ウォークでした。自然の中で、皆で行うサイレント・ウォークは、五感を研ぎ澄ませやすく、皆で行う安心感を覚えながら歩くため、特におすすめです。

付　録……数分でもOK！今日からできるDD実践法

おわりに

私の平静な心はいくぶん波立つことはあっても、かき乱されることはない
——ヘンリー・デイヴィッド・ソロー[1]

長らくお付き合いをいただいた読者の方々には、精一杯のお礼を申し上げたい気持ちです。そして、本書の中で少しでも新たな発見があり、明日からの行動を少しでも変えてみようという気持ちになっていただけていたら、それに勝る喜びはありません。

戦略的〝暇〟がなぜ現代に求められているのか、そしてどのように実践していくべきなのか、これまで多くの事例を取り上げて考えてきました。少しでも、世の中に良質な暇を過ごす人が増え、いつかどこかでその余暇を一緒に満喫できたら良いな、と願っています。できれば、自然の中で焚き火を囲んで、ウイスキーを飲みながら、この本を読んでいるあなたと語らえたら、とても素敵な気持ちになれるだろうなと……そんな日が来ることを想像しながら「おわりに」を書き進めています。

さて、そのときまでしばしのお別れです。が、その前に——戦略的〝暇〟をこれから実践していくうえで、やっぱり大変なこともあると思いますし、資本主義の社会の中で時計時間に追われ、コスパやタイパの思考に流されてしまうことも多々あるかもしれません。知らぬ間に自分の目標

でも意義だとも感じていないことに駆り立てられ、疲弊してしまうこともあるでしょう。

ですから最後に、二つのお話をさせていただきます。「もう疲れた」と感じたときに思い出せるように、頭の片隅にでも置いていただければと思います。

「良い加減」で進もう――85%の努力がベスト

2023年、「ハーバード・ビジネス・レビュー」は、「全力で取り組まない『85%ルール』が最高のパフォーマンスを引き出す」と題した記事を掲載しました。[2] 記事の冒頭には、簡潔にこう書かれています。

「最大限の努力=最大限の結果」という等式は、パフォーマンスをめぐる古い考え方だ。

同記事では、ニューメキシコ大学による興味深い研究結果が紹介されています。[3] それは短距離走のアスリートが「スタートから100%の力で走るように」と指示されると、かえってレースの記録は悪化してしまうというものです。

この85%ルールについては、米誌「ウォール・ストリート・ジャーナル」でも取り上げられています。こちらの記事でも「全力を尽くしているのだとしたら、やりすぎだ」とはっきり書かれています。[4]完璧を目指すと、失敗によって自信を失ったり、燃え尽きたりすることもあり、逆にうまくいかないことが多くなるからです。「完璧な成功か完全な失敗か、二分法で考える必要はない」とも書かれており、まさにバランスが大事だということがよくわかります。

教育分野でも、学習の進度が最も上がるのは誤答率が15％ほどのタスク、つまり85％の正答率になるぐらいのタスクだと考えられています。アリゾナ大学の研究では、ＡＩに学習させる場合でも85％の正答率になる難易度が、最も学習効率が最大化されることがわかっています。[5]

どうやら、この「85％ぐらいの努力」が最も成長に繋がるようです。しかし、私たちはなぜか完璧（１００％）を目指して力んでしまいます。ここにも、デジタル社会がもたらす影響があります。

ＳＮＳでは、すべてを完璧にこなしている（ような）人たちの投稿が頻繁に現れます。自分と他者との比較がネット上では常態化しており、私たちは自分の努力や結果に満足できない――完璧主義の呪いにかかっているのかもしれません。そして、自分に鞭《むち》打って「もっと頑張らなければ」と自らを追い詰めてしまう……。

しかし最大限の努力が最高の結果をもたらすというのは、科学的な視点から見ると間違いである可能性が非常に高い。ですから、頑張り切れていない自分を責めてしまうときは、今日できたことに目を向けてみても良いのではないでしょうか。自分を責めずに済みますし、かえってそのスタンスのほうが成長を期待できるのです。
今日一日（それもまた、時計時間）でやろうと思っていたことを全部達成できなかったと嘆くのではなく、できたことに目を向けて「今日も上出来だ！」と自分を労ってあげてください。「良い加減」で、毎日を過ごしていきましょう。

たゆたえども、沈まず

激しい海路をゆくローマ時代の航海士や船乗りたちのあいだでは、こんな合言葉がありました。

たゆたえども、沈まず。

荒波に襲われた際、彼らは「波に揺られても、沈まない」精神で航海に臨んでいました。沈みさえしなければ、いつか陸地に辿り着くかもしれない。だから、まずは沈まないことだけに力を捧げようと。
この言葉は、パリの標語にもなっています。困難な状況でも決して沈まないという不屈の精神を示す言葉として、フランス革命などの激変の時代を経験してきたパリ市民が培った強い意思を象徴しています。

それにしても、「たゆたう（揺蕩う）」という言葉の響きはうっとりするほど美しいですね。沈まない強い意思を感じると同時に、意固地になって荒波に逆らわず状況を静かに受け入れる、心のしなやかさをも感じさせます。

揺蕩うとは「ひとところに止まることなく、ゆらゆらと動く状態」のこと。肩肘張らずにほどよく力が抜けた様子を連想させます。なんとなく、先の85％ルールにも通じる言葉です。

ぜひこの言葉を、戦略的〝暇〟の実践者たちの合言葉にしたいと思います。激動の状況だからこそ、先行きが見えない時代だからこそ、この世界と共に揺蕩う姿勢が最も大切だと思うのです。

そもそも、激動じゃなかった時代などありません。時代はいつでも刻々と変わり、目の前の世界のありようも、それを眺める自分自身も変わっています。だからこそ、この「たゆたえども、沈まず」の精神こそが、これまで激動の時代を生き抜いてきた人類が残した智慧にも思えます。

かつての船乗りたちは洪水の脅威に晒されてきましたが、今日の私たちは情報の洪水、価値観の洪水に脅かされています。

ずっと彷徨っているのではないかという不安。いつしか得体の知れない大きなものに呑み込まれてしまうんじゃないかという恐怖。だからこそ、藁《わら》――現代においては安易なハック、SNSに並ぶなんとなくあなたをわかった気にさせるもの――を摑んでなんとか難を免れようとします。

でも、そんな藁にすがらずとも、あなたは大丈夫。沈みさえしなければ、燃え尽きさえしなければ、いつしか陸地に辿り着きます。そして、そこからまた歩み出しましょう。

嵐の中、目的地を見失うことは怖いことです。でも、そこで戸惑い、焦って動き出すのではなく、ただ沈まずに今日を生きることに集中する。目的地から離れているのだとしても、どんとした姿勢で構えていれば良い。迷いや不安を抱えた自分、目的地のない自分すらも認めて、愛して、優雅に揺蕩っていれば良い。その道中の景色さえも楽しんでしまえば良い。そんな心意気で共に旅を続けましょう。

＊＊＊

最後に、本書の執筆にあたり初めて書籍を手がけることになった僕を温かく見守ってくださった飛鳥新社の吉盛絵里加さん、日頃から多くの議論を交わさせていただき、本書の精査でも鋭い視点からご指摘をくださった日本デジタルデトックス協会エグゼクティブ・プロデューサーの森和哉さん、執筆を進めるうえで多大なヒントをくださった関係者の皆様に、この場を借りてお礼を申し上げます。

た行

な行

は行

ま行

や行

索引

アルファベット

あ行

か行

さ行

参考文献

はじめに

[1] (2024/12/02). 'Brain rot' named Oxford Word of the Year 2024. Oxford University Press, https://corp.oup.com/news/brain-rot-named-oxford-word-of-the-year-2024/

[2] 遠田寛生（2024/01/27）「ソーシャルメディアは『有害物質』　NYで指定、規制の動きに反発も」朝日新聞オンライン　https://www.asahi.com/articles/ASS1W0J5LS1VUHBI00Q.html

[3] Alasdair Pal & Cordelia Hsu (2024/11/29). Australia's under-16 social media ban sparks anger and relief. Reuters, https://www.reuters.com/world/asia-pacific/australian-pm-albanese-says-social-media-firms-now-have-responsibility-protect-2024-11-28/

[4] Jana Arbanas, Paul H. Silverglate, Susanne Hupfer, Jeff Loucks, Prashant Raman & Michael Steinhart. (2023/09/06). Digital life often delivers daily benefits but can also fuel tech fatigue and well-being worries. Deloitte. Insights, https://www2.deloitte.com/us/en/insights/industry/telecommunications/connectivity-mobile-trends-survey/2023/connected-consumers-digital-fatigue.html

[5] 一般社団法人日本リカバリー協会（2024/06/16）「日本の疲労状況2024　全国10万人調査から『日本の疲労状況2024』を発表『疲れている人』が7162万人、30代の疲労は更に深刻に～「リカバリー（休養・抗疲労）白書2024レポート」Vol.1～」　https://www.recovery.or.jp/research/5580/

[6] MyVoice（2024/11）「[31612]　余暇の過ごし方に関するアンケート調査（第6回）」　https://myel.myvoice.jp/products/detail.php?product_id=31612

[7] 山川香織・大平英樹（2018）「ストレス下における不合理な意思決定――認知機能の側面から――」生理心理学と精神生理学 '36（1）,pp.40–52. https://www.jstage.jst.go.jp/article/jjppp/36/1/36_1805si/_pdf

第1章

[1] バートランド・ラッセル（著）柿村峻／堀秀彦（訳）（2009）『怠惰への讃歌』平凡社

[2] ルイス・キャロル（著）安井泉（訳）（2005）『鏡の国のアリス』新書館

[3] Evan DeFilippis, Stephen Michael Impink, Madison Singell, Jeffrey T. Polzer & Raffaella Sadun (2020/07). Collaborating During Coronavirus: The Impact of COVID-19 on the Nature of Work. National Bureau of Economic Research, https://www.nber.org/papers/w27612

[4] The Rise of the Triple Peak Day - After work, do you... get back to work? For some, there's a new pattern replacing the 9 to 5. Microsoft WorkLab, https://www.microsoft.com/en-us/worklab/triple-peak-day

[5] Esteban Ortiz-Ospina & Charlie Giattino (2021/01/05). These charts show how our working hours have changed. World Economic Forum, https://www.weforum.org/agenda/2021/01/work-working-hours-change-trend-charts/

[6] 厚生労働省「毎月勤労統計調査　平成26年分結果確報」https://www.mhlw.go.jp/toukei/itiran/roudou/monthly/26/26r/dl/pdf26r.pdf https://jsite.mhlw.go.jp/kochi-roudoukyoku/library/kochi-roudoukyoku/topics/topics222.pdf

[7] 本川裕（2018/01/07）「社会実情データ図録――主要国における長時間労働と仕事のストレスの推移――」　https://honkawa2.sakura.ne.jp/3280.html

[8] 大野和基（インタビュー・編）（2021）『自由の奪還――全体主義、非科学の暴走を止められるか』ＰＨＰ研究所

[9] David Marchese(2022/02/18). Yale's Happiness Professor Says Anxiety Is Destroying Her Students. The New York Times Magazine, https://www.nytimes.com/interactive/2022/02/21/magazine/laurie-santos-interview.html

[10] 斎藤幸平(2020)『人新世の「資本論」』集英社

[11] ナオミ・クライン(著)松島聖子(訳)(2009)『新版　ブランドなんか、いらない』大月書店

[12] ジャン・ボードリヤール(著)今村仁司/塚原史(訳)(2015)『消費社会の神話と構造　新装版』紀伊國屋書店

[13] トマ・ピケティ(著)山形浩生/守岡桜/森本正史(訳)(2014)『21世紀の資本』みすず書房

[14] トマ・ピケティ(2021/05/18). Du revenu de base à l'héritage pour tous. Le Monde, https://www.lemonde.fr/blog/piketty/2021/05/18/du-revenu-de-base-a-lheritage-pour-tous/

[15] セルジュ・ラトゥーシュ(著)中野佳裕(訳)(2020)『脱成長』白水社

[16] 山口周(2020)『ビジネスの未来　エコノミーにヒューマニティを取り戻す』プレジデント社

[17] 四角大輔(2022)『超ミニマル主義』ダイヤモンド社

[18] 四角大輔(2023)『超ミニマル・ライフ』ダイヤモンド社

[19] エティエンヌ・ド・ラ・ボエシ(著)西谷修(監修)山上浩嗣(訳)(2013)『自発的隷従論』筑摩書房

[20] ジョン・メイナード・ケインズ(著)山形浩生(訳)(2015/08/17)「孫たちの経済的可能性」https://genpaku.org/keynes/misc/keynesfuture.pdf

[21] Ryohei Yamazaki(2023/01/04)「天才ビル・ゲイツに学ぶ　読書を〝血肉〟にするための5つのルール」日経ビジネス　https://business.nikkei.com/atcl/gen/19/00521/122800008/

[22] Mariano Rojas, Alfonso Méndez, & Karen Watkins-Fassler(2023). The hierarchy of needs empirical examination of Maslow's theory and lessons for development. World Development, Vol.165, 106185, https://www.sciencedirect.com/science/article/abs/pii/S0305750X23000037

[23] 金間大介(2024)『静かに退職する若者たち　部下との1on1の前に知っておいてほしいこと』PHP研究所

[24] James Hamblin(2019/09/25)The Most Dangerous Way to Lose Yourself - "Identity fusion" might explain why people act against their own interests. The Atlantic, https://www.theatlantic.com/health/archive/2019/09/identity-fusion-trump-allegiance/598699/
日本語版：https://courrier.jp/news/archives/180467/

[25] MarketsandMarkets (2021). Corporate Wellness Solutions Market by Service Offering (HRA, Nutrition, Weight Loss, Fitness, Substance Abuse Management, Employee Assistance Programs, Health Benefits), End User (Organizations (Large, Mid-Sized, SME)) & Region - Global Forecast to 2026. Market Research Report, https://www.marketsandmarkets.com/Market-Reports/corporate-wellness-solution-market-110760130.html

[26] William J. Fleming (2024). Employee well-being outcomes from individual-level mental health interventions: Cross-sectional evidence from the United Kingdom. Industrial Relations Journal, Vol.55(2), pp.162-182, https://onlinelibrary.wiley.com/doi/full/10.1111/irj.12418

[27] Joel Goh, Jeffrey Pfeffer, & Stefanos A. Zenios (2016). The Relationship Between Workplace Stressors and Mortality and Health Costs in the United States. Management Science, Vol.62(2), pp.608-628. https://doi.org/10.1287/mnsc.2014.2115

[28] Alexa Mikhail(2024/01/18). Workplace health benefits don't move the needle on improving employee happiness and well-being. With one exception. FORTUNE, https://fortune.com/well/2024/01/17/workplace-wellness-benefits-not-effective/

[29] クーリエ・ジャポン(2024/05/13)「グリーンウォッシュとは？　欧米で規制が強まる理由といますべき対策」American Express「Business Class」 https://www.americanexpress.com/ja-jp/business/trends-and-insights/articles/greenwashing/

[30] Tara Nicola (2023/11/07). American Workers Optimistic About Impact of Wellness Initiatives. GALLUP, https://www.gallup.com/workplace/513923/american-workers-optimistic-impact-wellness-initiatives.aspx

第2章

[1] Shodai Morishita(2021/08/13)「『スマホ脳』著者に独占インタビュー　アンデシュ・ハンセン『テクノロジーは〝太古の脳〟を持つ私たちに順応すべきです』」クーリエ・ジャポン　https://courrier.jp/news/archives/256635/

[2] Jory MacKay. Screen time stats 2019: Here's how much you use your phone during the workday. Rescue Time Blog, https://blog.rescuetime.com/screen-time-stats-2018/

[3] Prachi Verma & ET Bureau(2020/06/15). COVID-19 Impact: Screen time up by 100% for children. The Economic Times, https://economictimes.indiatimes.com/industry/services/education/covid-19-impact-screen-time-up-by-100-for-children/articleshow/76383951.cms

[4] Grant Bailey(2018/07/23). Office workers spend 1,700 hours a year in front of a computer screen. independent, https://www.independent.co.uk/news/uk/home-news/office-workers-screen-headaches-a8459896.html

[5] Trevor Wheelwright(2025/01/01). Cell Phone Usage Stats 2025: Americans Check Their Phones 205 Times a Day. REVIEWS.org, https://www.reviews.org/mobile/cell-phone-addiction/

[6] Mark, G., Gudith, D., & Klocke, U.(2008). The cost of interrupted work: More speed and stress. Proceedings of the SIGCHI Conference on Human Factors in Computing Systems, pp.107-110, https://doi.org/10.1145/1357054.1357072

[7] Misra, S., Cheng, L., Genevie, J., & Yuan, M.(2014). The iPhone Effect: The Quality of In-Person Social Interactions in the Presence of Mobile Devices. Environment and Behavior, Vol.48(2), pp.275-298. https://doi.org/10.1177/0013916514539755

[8] Ward, A. F., Duke, K., Gneezy, A., & Bos, M. W.(2017). Brain Drain: The Mere Presence of One's Own Smartphone Reduces Available Cognitive Capacity. Journal of the Association for Consumer Research, Vol.2(2), https://www.journals.uchicago.edu/doi/full/10.1086/691462

[9] 学習意欲の科学的研究に関するプロジェクト(2019/04)「学習意欲の科学的研究に関するプロジェクト　スマートフォン・携帯電話の長時間使用が学力に悪影響を与える！――仙台市標準学力検査，仙台市生活・学習状況調査における小5～中3の詳細な分析結果から――」 https://www.tohoku.ac.jp/japanese/newimg/awardimg/award20150319_01.pdf

[10] 榊浩平(著)川島隆太(監修)(2023)『スマホはどこまで脳を壊すか』朝日新聞出版

[11] Thinking On Paper(2024/03/24)Dr Larry Rosen: Why Screens Are Shrinking Your Kids' Brains (And How To Stop It). YouTube, https://www.youtube.com/watch?v=EmIrjS0l0JY

[12] Rebecca Seal(2022/07/03). Is your smartphone

ruining your memory? A special report on the rise of 'digital amnesia'. The Guardian, https://www.theguardian.com/global/2022/jul/03/is-your-smartphone-ruining-your-memory-the-rise-of-digital-amenesia

[13] プラトン(著)藤沢令夫(訳)(1967)『パイドロス』岩波書店

[14] 外山滋比古(1986)『思考の整理学』筑摩書房

[15] 貝谷久宣(2023/01/04)「マインドフルネスの臨床効果と脳科学⑰ 不安症やうつ病とデフォルトモード・ネットワーク(ケセラセラvol.111)」医療法人和楽会 https://fuanclinic.com/warakukai_blog/5178/

[16] Alisha Haridasani Gupta(2023/08/21). Checking Email? You're Probably Not Breathing. The New York Times, https://www.nytimes.com/2023/08/21/well/live/screen-apnea-breathing.html

[17] Janet Wilson(2012/05/07). Email 'vacations' decrease stress, increase concentration - Being cut off from work e-mail increases focus and reduces stress. UC Irvine News, https://news.uci.edu/2012/05/07/email-vacations-decrease-stress-increase-concentration/

[18] Deborah Netburn(2012/05/03). You knew this: Work emails are bad for your health, study finds. Los Angels Times, https://www.latimes.com/business/la-xpm-2012-may-03-la-fi-tn-work-emails-are-bad-for-your-health-study-finds-20120503-story.html

[19] Cell Press. (2006/08/27). Pure Novelty Spurs The Brain. ScienceDaily, www.sciencedaily.com/releases/2006/08/060826180547.htm

[20] 益川量平(2021/06/06)「『コロナ禍の今こそ』広がる美容整形 トラブル相談も増加」毎日新聞 https://mainichi.jp/articles/20210604/k00/00m/040/236000c

[21] WHO(2024/06/26). Nearly 1.8 billion adults at risk of disease from not doing enough physical activity. World Health Organization, https://www.who.int/news/item/26-06-2024-nearly-1.8-billion-adults-at-risk-of-disease-from-not-doing-enough-physical-activity

[22] 心理学・教育学委員会・臨床医学委員会・健康・生活科学委員会・環境学委員会・土木工学・建築学委員会合同子どもの成育環境分科会(2013/03/22)「提言 我が国の子どもの成育環境の改善にむけて:成育時間の課題と提言」日本学術会議 https://www.scj.go.jp/ja/info/kohyo/pdf/kohyo-22-t169-3.pdf

[23] CITIZEN(2016/06/10)「『子どもの時間感覚』35年の推移」 https://www.citizen.co.jp/research/20160610/01.html

[24] Shodai Morishita(2022/02/19)「『運動』は人類史最大のハック 『なぜ運動で"あらゆるストレス"に強くなるのですか?』アンデシュ・ハンセンに聞く」クーリエ・ジャポン https://courrier.jp/cj/276978/?utm_source=newspicks&utm_campaign=276978

[25] Erickson, K. I., et al.(2011). Exercise training increases size of hippocampus and improves memory. Proceedings of the National Academy of Sciences of the United States of America, vol.108(7), pp.3017-22, doi:10.1073/pnas.1015950108, https://pmc.ncbi.nlm.nih.gov/articles/PMC3041121/

[26] 厚生労働省「令和6年版 厚生労働白書——こころの健康と向き合い、健やかに暮らすことのできる社会に——」 https://www.mhlw.go.jp/stf/wp/hakusyo/kousei/23/backdata/01-01-01-23.html

[27] 健康づくりのための睡眠指針の改訂に関する検討会(2024/02)「健康づくりのための睡眠ガイド 2023」 https://www.mhlw.go.jp/content/001305530.pdf

[28] 厚生労働省(2019/12)「令和元年 国民健康・栄養調査結果」 https://www.mhlw.go.jp/content/001066903.pdf

[29] Bauducco, S., Pillion, M., Bartel, K., Reynolds, C., Kahn, M., & Gradisar, M.(2024/08). A bidirectional model of sleep and technology use: A theoretical review of How much, for whom, and which mechanisms. Sleep Medicine Reviews, Vol.76, https://www.sciencedirect.com/science/article/pii/S1087079224000376

[30] Georgia Wells, Jeff Horwitz & Deepa Seetharaman(2021/09/15). Facebook Knows Instagram Is Toxic for Teen Girls, Company Documents Show. The Wall Street Journal, https://www.wsj.com/articles/facebook-knows-instagram-is-toxic-for-teen-girls-company-documents-show-11631620739

[31] Igor Pantic(2014/10/01). Online Social Networking and Mental Health. Cyberpsychology, Behavior, and Social Networking, 17(10), pp.652–657, https://pmc.ncbi.nlm.nih.gov/articles/PMC4183915/

[32] Gabriel Geiger(2021/06/29). Norway Law Forces Influencers to Label Retouched Photos on Instagram. VICE, https://www.vice.com/en/article/norway-law-forces-influencers-to-label-retouched-photos-on-instagram/

[33] Humane Technology(2018/01/01). App Ratings, Center for Humane Technology, https://www.humanetech.com/insights/app-ratings

[34] クーリエ・ジャポン(2022/06/13)「何かに依存してしまう人たちに『共通点』はあるのか―依存症の専門医に聞く」 https://courrier.jp/news/archives/291162/

[35] Alimoradi, Z., Lotfi, A., Lin, C. Y., Griffiths, M. D., & Pakpour, A. H.(2022). Estimation of Behavioral Addiction Prevalence During COVID-19 Pandemic: A Systematic Review and Meta-analysis. Current Addiction Reports, Vol.9(4), pp.486-517, https://pubmed.ncbi.nlm.nih.gov/36118286/

[36] Vaish, A., Grossmann, T., & Woodward, A.(2008/05). Not all emotions are created equal: The negativity bias in social-emotional development. Psychological Bulletin, Vol.134(3), pp.383-403, https://pmc.ncbi.nlm.nih.gov/articles/PMC3652533/

[37] Przybylski, A. K., Murayama, K., DeHaan, C. R., & Gladwell, V.(2013/07). Motivational, emotional, and behavioral correlates of fear of missing out. Computers in Human Behavior, Vo.29(4), pp.1841-1848, https://www.sciencedirect.com/science/article/abs/pii/S0747563213000800

[38] Laura Grace Weldon(2011/01/27). Fighting “Mean World Syndrome”: Is that glowing screen spreading some kind of affliction through your family? WIRED, https://www.wired.com/2011/01/fighting-mean-world-syndrome/

[39] Associated Press(2006/01/01). George Gerbner; Studied TV Culture. The Washington Post, https://www.washingtonpost.com/archive/local/2006/01/02/george-gerbner/02ded4ee-9397-4e73-b7a5-28039e5d2202/

第3章

[1] Shun(2017/01/29)「デヴィッド・ボウイの恐るべき先見性。1999年に語ったインターネットの未来」GIZMODE https://www.gizmodo.jp/2017/01/david-bowie-predicts-what-will-happen-with-the-internet-in-1999.html

[2] Tristan Harris(2014/12). How better tech could protect us from distraction. TEDxBrussels, https://www.ted.com/talks/tristan_harris_how_better_tech_could_protect_us_from_distraction?subtitle=en

[3] Tristan Harris(2017/04). How a handful of tech companies control billions of minds every day. TED2017, https://www.ted.com/

talks/tristan_harris_how_a_handful_of_tech_companies_control_billions_of_minds_every_day?subtitle=en

[4] 戸谷洋志(2022)『スマートな悪　技術と暴力について』講談社

[5] Marc-Olivier Bherer(2020/11/26). Shoshana Zuboff: «Larry Page, cofondateur de Google, a découvert rien de moins que le capitalisme de surveillance». Le Monde, https://www.lemonde.fr/idees/article/2020/11/26/shoshana-zuboff-larry-page-cofondateur-de-google-a-decouvert-rien-de-moins-que-le-capitalisme-de-surveillance_6061134_3232.html

[6] カール・ポラニー(著)吉沢英成(訳)(1975)『大転換：市場社会の形成と崩壊』東洋経済新報社

[7] Daron Acemoglu(2024/09/27). Escaping the New Gilded Age. Project Syndicate, https://www.project-syndicate.org/onpoint/wealth-inequality-billionaires-undue-influence-bad-for-society-by-daron-acemoglu-2024-09

[8] Jonathan Haidt(2022/04/11). Why the Past 10 Years of American Life Have Been Uniquely Stupid. The Atlantic, https://www.theatlantic.com/magazine/archive/2022/05/social-media-democracy-trust-babel/629369/

[9] Brady, W. J., Wills, J. A., Jost, J. T., & Van Bavel, J. J.(2017/06/26). Emotion shapes the diffusion of moralized content in social networks. Psychological and Cognitive Sciences, Vol.114(28), pp.7313-7318, https://www.pnas.org/doi/10.1073/pnas.1618923114

[10] Daniel Immerwahr(2024/09/06). Yuval Noah Harari's Apocalyptic Vision - His warning of AI's dangers is alarming, but does it help us avoid them? The Atlantic, https://www.theatlantic.com/magazine/archive/2024/10/yuval-noah-harari-nexus-book/679572/

[11] Stefan Wojcik & Adam Hughes(2019/04/24). Sizing Up Twitter Users. Pew Research Center, https://www.pewresearch.org/internet/2019/04/24/sizing-up-twitter-users/

[12] Moscovici, S., Lage, E., & Naffrechoux, M.(1969). Influence of a consistent minority on the responses of a majority in a color perception task. Sociometry, Vol.32(4), pp.365-380. https://www.jstor.org/stable/2786541

[13] Jonathan Haidt(2024). The Anxious Generation: How the Great Rewiring of Childhood Is Causing an Epidemic of Mental Illness. Penguin Press.

[14] Jonathan Haidt(2024/03/13). End the Phone-Based Childhood Now - The environment in which kids grow up today is hostile to human development. The Atlantic, https://www.theatlantic.com/technology/archive/2024/03/teen-childhood-smartphone-use-mental-health-effects/677722/

[15] Bursztyn, L., Handel, B., Jimènez-Duràn, R., & Roth, C.(2024). When Product Markets Become Collective Traps: The Case of Social Media. Working Paper 31771, National Bureau of Economic Research, https://home.uchicago.edu/bursztyn/CollectiveTraps_Nov2024.pdf

[16] 水口二季(2024/10/04)「ブラジル『Xなき日常』1カ月　3割がメンタル改善」日本経済新聞　https://www.nikkei.com/article/DGXZQOGN10CZ70Q4A910C2000000/

[17] スティーブン・バートマン(著)松野弘(監訳)(2010)『ハイパーカルチャー　高速社会の衝撃とゆくえ』ミネルヴァ書房

[18] (2023/11/17)「ビンラディン容疑者に共感する米国の若者、ティックトックに相次ぎ動画投稿」CNN, https://www.cnn.co.jp/tech/35211685.html

[19] Anthony Faiola & Catarina Fernandes Martins(2024/03/08). Cool to be far right? Young Europeans are stirring a political youthquake. The Washington Post, https://

www.washingtonpost.com/world/2024/03/08/portugal-election-young-voters/

[20] ヘーゲル（著）長谷川宏（訳）（1994）『歴史哲学講義（上）』岩波書店

[21] (2024/01). The most popular TED Talks of all time. TED, https://www.ted.com/playlists/171/the_most_popular_ted_talks_of_all_time

[22] Simon Sinek(2016/12/31). The Millennial Question. YouTube, https://www.youtube.com/watch?v=vudaAYx2IcE

[23] ユヴァル・ノア・ハラリ（著）柴田裕之（訳）（2016）『サピエンス全史（上）　文明の構造と人類の幸福』河出書房新社

[24] Yuval Harari, Tristan Harris & Aza Raskin(2023/03/24). You Can Have the Blue Pill or the Red Pill, and We're Out of Blue Pills. The New York Times, https://www.nytimes.com/2023/03/24/opinion/yuval-harari-ai-chatgpt.html

[25] (2022/08/04). 2022 Expert Survey on Progress in AI. AI IMPACTS, https://wiki.aiimpacts.org/doku.php?id=ai_timelines:predictions_of_human-level_ai_timelines:ai_timeline_surveys:2022_expert_survey_on_progress_in_ai

[26] Rhodri Marsden(2023/12/04). The popularity factories distorting what you see on social media. The Telegraph, https://www.telegraph.co.uk/news/2023/12/04/click-farms-social-media-fake-likes-instagram-tiktok/

[27] Jules Roscoe(2023/06/28). AI-Generated Books of Nonsense Are All Over Amazon's Bestseller Lists. VICE, https://www.vice.com/en/article/ai-generated-books-of-nonsense-are-all-over-amazons-bestseller-lists/

[28] (2023/12/15). We need to focus more on the social effects of AI, says Nicholas Christakis. The Economist, https://www.economist.com/by-invitation/2023/12/15/we-need-to-focus-more-on-the-social-effects-of-ai-says-nicholas-christakis

[29] Köbis, N., Rahwan, Z., Bersch, C., Ajaj, T., Bonnefon, J., & Rahwan, I.(2024/10/04). Experimental evidence that delegating to intelligent machines can increase dishonest behaviour. https://doi.org/10.31219/osf.io/dnjgz

[30] Shirado, H., Kasahara, S., & Christakis, N. A.(2023). Emergence and collapse of reciprocity in semiautomatic driving coordination experiments with humans. Proceedings of the National Academy Sciences, Vol.120(51), e2307804120, https://doi.org/10.1073/pnas.2307804120

[31] Shirado, H., Christakis, N. A.(2017). Locally noisy autonomous agents improve global human coordination in network experiments. Nature 545, pp.370–374, https://doi.org/10.1038/nature22332

[32] ダロン・アセモグル／サイモン・ジョンソン（著）鬼澤忍／塩原通緒（訳）（2023）『技術革新と不平等の１０００年史（上）（下）』早川書房

[33] Scott Galloway(2023/02/03). Luddites. No Mercy/ No Malice, https://www.profgalloway.com/luddites/

[34] Current Employment Statistics - CES (National). U.S. Bureau of Labor Statistics, https://www.bls.gov/ces/

[35] James Manyika, Susan Lund, Michael Chui, Jacques Bughin, Lola Woetzel, Parul Batra, Ryan Ko, & Saurabh Sanghvi(2017/11/28). Jobs lost, jobs gained: What the future of work will mean for jobs, skills, and wages. McKinsey Global Institute, https://mck.co/2zziqk4
https://www.mckinsey.com/~/media/mckinsey/industries/public%20and%20social%20sector/our%20insights/what%20the%20future%20of%20work%20will%20mean%20for%20jobs%20skills%20and%20wages/

mgi%20jobs%20lost-jobs%20gained_report_december%202017.pdf

[36] 学研プラス(2016)『心にひびくマンガの名言：人生の大切なことはマンガがすべて教えてくれる【第2期】2』Gakken

PART 2

第4章

[1] アンディ・クラーク(著)呉羽真／久木田水生／西尾香苗(訳)丹治信春(監修)(2015)『生まれながらのサイボーグ――心・テクノロジー・知能の未来』春秋社

[2] イヴァン・イリッチ(著)東洋／小澤周三(訳)(1977)『脱学校の社会』東京創元社

[3] 緒方壽人(2021)『コンヴィヴィアル・テクノロジー――人間とテクノロジーが共に生きる社会で』ビー・エヌ・エヌ

[4] Jo, H., Song, C., & Miyazaki, Y.(2019). Physiological Benefits of Viewing Nature: A Systematic Review of Indoor Experiments. International journal of environmental research and public health, Vol.16(23), 4739, https://doi.org/10.3390/ijerph16234739

[5] (2018/02/09)「【インタビュー】注目の〝健脳〟素材――九州大学名誉教授　医学博士　藤野武彦氏――」健康産業新聞　https://www.kenko-media.com/health_idst/archives/8590

[6] Atchley, R. A., Strayer, D. L., & Atchley, P.(2012). Creativity in the Wild: Improving Creative Reasoning through Immersion in Natural Settings. PLoS ONE, Vol.7(12): e51474, https://doi.org/10.1371/journal.pone.0051474

[7] David Robson(2021/08/15). Interoception: the hidden sense that shapes wellbeing. The Observer, https://www.theguardian.com/science/2021/aug/15/the-hidden-sense-shaping-your-wellbeing-interoception

[8] Terasawa, Y., Moriguchi, Y., Tochizawa, S., & Umeda, S.(2014). Interoceptive sensitivity predicts sensitivity to the emotions of others. Cognition & emotion, Vol.28(8), pp.1435–1448. https://doi.org/10.1080/02699931.2014.888988

[9] アントニオ・ダマシオ(著)田中三彦(訳)(2010)『デカルトの誤り 情動、理性、人間の脳』筑摩書房

[10] Bechara, A., Damasio, H., Tranel, D., & Damasio, A. R.(1997). Deciding advantageously before knowing the advantageous strategy. Science, Vol.275(5304), pp.1293–1295, https://doi.org/10.1126/science.275.5304.1293

[11] Kandasamy, N., Garfinkel, S., Page, L. et al.(2016). Interoceptive Ability Predicts Survival on a London Trading Floor. Scientific Reports, Vol.6, 32986, https://doi.org/10.1038/srep32986

[12] Quadt, L., Garfinkel, S. N., Mulcahy, J. S., et al.(2021). Interoceptive training to target anxiety in autistic adults (ADIE): A single-center, superiority randomized controlled trial. eClinicalMedicine, Vol.39, 101042, https://www.thelancet.com/journals/eclinm/article/PIIS2589-5370(21)00322-9/fulltext

[13] Villemure, C., Čeko, M., Cotton, V. A., & Bushnell, M. C.(2014). Insular cortex mediates increased pain tolerance in yoga practitioners. Cerebral cortex, Vol.24(10), pp.2732–2740, https://doi.org/10.1093/cercor/bht124

[14] Sharp, P. B., Sutton, B. P., Paul, E. J., et al.(2018). Mindfulness training induces structural connectome changes in insula networks. Scientific Reports, Vol.8, 7929, https://doi.org/10.1038/s41598-018-26268-w

[15] Jack Kenmare(2024/07/02). Cristiano Ronaldo's heart rate was monitored by WHOOP during Slovenia game and the results

are genuinely mind- blowing. SPORT BIBLE, https://www.sportbible.com/football/football-news/cristiano-ronaldo-portugal-euro-2024-slovenia-whoop-741547-20240702

[16] Niles, A. N., Craske, M. G., Lieberman, M. D., & Hur, C.(2015). Affect labeling enhances exposure effectiveness for public speaking anxiety. Behaviour Research and Therapy, Vol.68, pp.27–36, https://doi.org/10.1016/j.brat.2015.03.004

[17] Brooks A. W.(2014). Get excited: reappraising pre-performance anxiety as excitement. Journal of experimental psychology. General, Vol.143(3), pp.1144–1158, https://doi.org/10.1037/a0035325

第5章

[1] Joe Zadeh(2021/06/03). The Tyranny Of Time. Noema Magazine, https://www.noemamag.com/the-tyranny-of-time/

[2] ミハイ・チクセントミハイ(著)今村浩明(訳)(1996)『フロー体験　喜びの現象学』世界思想社

[3] 今給黎靖夫(2016)『季節と自然のガイドブック　二十四節気　七十二候の自然誌』ほおずき書籍

[4] 松岡正剛(2017/06/16)「1641夜　交貨篇　宇沢弘文　人間の経済」松岡正剛の千夜千冊 https://1000ya.isis.ne.jp/1641.html

[5] 「不便益を知る！」不便益システム研究所 https://fuben-eki.jp/whatsfuben-eki/

[6] 山口周(2019)『仕事選びのアートとサイエンス　不確実な時代の天職探し』光文社

[7] Louise Grimmer(2023/09/04). Feeling lonely? Too many of us are. Here's what our supermarkets can do to help. The Conversation, https://theconversation.com/feeling-lonely-too-many-of-us-are-heres-what-our-supermarkets-can-do-to-help-211126

第6章

[1] John A. Shedd(1928). Salt from my Attic. Mosher Press.

[2] 鈴木雅貴・齊藤史明・山本祐輔(2020)「確証バイアスとウェブ検索行動の関係分析」DEIM2020 D4-3 (day1 p28)　https://proceedings-of-deim.github.io/DEIM2020/papers/D4-3.pdf

[3] 宮沢賢治(2020)『春と修羅』三和書籍

[4] クーリエ・ジャポン(2021/12/27)「『自我』でなく『自己』を肯定しよう　これから瞑想を始める方へ——国内外で「禅」を教える伊藤東凌がアドバイス」クーリエ・ジャポン　https://courrier.jp/news/archives/256643/

[5] 西村惠信(訳注)(1994)『無門関』岩波書店

[6] 上田啓太(2022)『人は２０００連休を与えられるとどうなるのか？』河出書房新社

[7] Tackman, A. M., Sbarra, D. A., Carey, A. L., Donnellan, M. B., et. al.(2019). Depression, negative emotionality, and self-referential language: A multi-lab, multi-measure, and multi-language-task research synthesis. Journal of personality and social psychology, Vol.116(5), pp.817–834. https://pubmed.ncbi.nlm.nih.gov/29504797/

[8] デイヴィッド・イーグルマン(著)大田直子(訳)(2017)『あなたの脳のはなし　神経科学者が解き明かす意識の謎』早川書房

[9] 國分功一郎(2021)『暇と退屈の倫理学』新潮社

第7章

[1] William Bruce Cameron(1963). Informal Sociology: A Casual Introduction to Sociological Thinking. Random House.

[2] 桑野隆(2021)『生きることとしてのダイアローグ：バフチン対話思想のエッセンス』岩波書店

[3] エーリッヒ・フロム(著)作田啓一／佐野哲郎(訳)(2001)『破壊——人間性の解剖』紀伊国屋書

店

[4] George MacKerron & Susana Mourato.(2013/10). Happiness is greater in natural environments. Global Environmental Change, Vol.23(5), pp.992-1000, https://www.sciencedirect.com/science/article/abs/pii/S0959378013000575

[5] 宮崎良文・池井晴美・宋チョロン(2014)「日本における森林医学研究」日本衛生学雑誌 69巻2号 https://www.jstage.jst.go.jp/article/jjh/69/2/69_122/_article/-char/ja/

[6] Taylor, A. F., & Kuo, F. E. (2009). Children with attention deficits concentrate better after walk in the park. Journal of attention disorders, Vol.12(5), pp.402-409, https://doi.org/10.1177/1087054708323000

[7] 森孝博(1998/11)「フィトンチッドと森林浴について」岐阜県の林業 https://www.forest.rd.pref.gifu.lg.jp/rd/rinsan/9811gr.html

[8] Ulrich, R. S.(1984). View through a window may influence recovery from surgery. Science, 224(4647), pp.420-421, https://pubmed.ncbi.nlm.nih.gov/6143402/

[9] Jerry Useem(2021/06/09). The Psychological Benefits of Commuting to Work - Many people who have been working from home are experiencing a void they can't quite name. The Atlantic, https://www.theatlantic.com/magazine/archive/2021/07/admit-it-you-miss-your-commute/619007/

[10] Jachimowicz, J. M., Cunningham, J. L., Staats, B. R., Gino, F., & Menges, J. I.(2021). Between Home and Work: Commuting as an Opportunity for Role Transitions. Organization Science, Vol.32(1), pp.64-85, https://doi.org/10.1287/orsc.2020.1370

[11] Joan Meyers-Levy, Rui Zhu.(2007). The Influence of Ceiling Height: The Effect of Priming on the Type of Processing That People Use. Journal of Consumer Research, Vol.34(2), pp.174-186, https://doi.org/10.1086/519146

[12] メアリアン・ウルフ(著)小松淳子(訳)(2008)『プルーストとイカ 読書は脳をどのように変えるのか?』インターシフト

[13] メアリアン・ウルフ(著)大田直子(訳)(2020)『デジタルで読む脳×紙の本で読む脳:「深い読み」ができるバイリテラシー脳を育てる』インターシフト

[14] Helen Thompson, Shankar Vedantam(2012/10/09). A Lively Mind: Your Brain On Jane Austen. npr, https://www.npr.org/sections/health-shots/2012/10/09/162401053/a-lively-mind-your-brain-on-jane-austen

[15] Delgado, P., Vargas, C., Ackerman, R., & Salmerón, L.(2018). Don't throw away your printed books: A meta-analysis on the effects of reading media on reading comprehension. Educational Research Review, Vol.25, pp.23-38, https://www.sciencedirect.com/science/article/pii/S1747938X18300101

[16] Gloor, P. A., Grippa, F., Putzke, J., Lassenius, C., Fuehres, H., Fischbach, K., & Schoder, D.(2012). Measuring social capital in creative teams through sociometric sensors. International Journal of Organisational Design and Engineering(IJODE), Vol.2(4), pp.380-401, https://www.inderscience.com/info/inarticle.php?artid=51442

[17] Daniel Z. Levin & Terri R. Kurtzberg(2020/05/27). Sustaining Employee Networks in the Virtual Workplace. MIT Sloan Management Review, https://sloanreview.mit.edu/article/sustaining-employee-networks-in-the-virtual-workplace/

[18] Sproull, L., & Kiesler, S.(1986). Reducing Social Context Cues: Electronic Mail in Organizational Communication. Management

Science, Vol.32(11), pp.1492-1512, https://www.jstor.org/stable/2631506
[19] Kurtzberg, T. R., Naquin, C. E., & Belkin, L. Y.(2005). Electronic Performance Appraisals: The Effects of E-mail Communication on Peer Ratings in Actual and Simulated Environments. Organizational Behavior and Human Decision Processes, Vol.98(2), pp.216-226, https://www.sciencedirect.com/science/article/abs/pii/S0749597805000890
[20] Naquin, C. E., Kurtzberg, T. R., & Belkin, L. Y.(2008). E-mail Communication and Group Cooperation in Mixed Motive Contexts. Social Justice Research, Vol.21(4) pp.470-489, https://psycnet.apa.org/record/2008-15337-005
[21] Geoff Colvin(2020/08/10). The hidden—but very real—cost of working from home. FORTUNE, https://fortune.com/2020/08/10/remote-work-from-home-cost-zoom-innovation-google-goldman-sachs/
[22] 石井節子（2019/02/01）「Gmailの発想を生んだグーグルの社食に『カウンター席がない』理由」Forbes Japan　https://forbesjapan.com/articles/detail/25223
[23] 山口周（2021）『思考のコンパス　ノーマルなき世界を生きるヒント』ＰＨＰ研究所
[24]（2011/10/09）「『ハングリーであれ。愚か者であれ』ジョブズ氏スピーチ全訳　米スタンフォード大卒業式（2005年６月）にて」日本経済新聞　https://www.nikkei.com/article/DGXZZO35455660Y1A001C1000000/

付録

[1] Holte, A. J., Ferraro, F. R.(2023). True colors: Grayscale setting reduces screen time in college students. The Social Science Journal, Vol.60(2), pp.274-290, https://www.tandfonline.com/doi/full/10.1080/03623319.2020.1737461
[2] Oppezzo, M., & Schwartz, D. L.(2014). Give Your Ideas Some Legs: The Positive Effect of Walking on Creative Thinking. Journal of Experimental Psychology: Learning, Memory, and Cognition, Vol.40(4), pp.1142–1152, http://dx.doi.org/10.1037/a0036577
[3] De Las Heras, B., Li, O., Rodrigues, L., Nepveu, J. F., & Roig, M.(2020). Exercise Improves Video Game Performance: A Win-Win Situation. Medicine and science in sports and exercise, Vol.52(7), pp.1595–1602, https://doi.org/10.1249/MSS.0000000000002277

おわりに

[1] ヘンリー・デイヴィッド・ソロー（著）飯田実（訳）『森の生活（上）　ウォールデン』岩波書店
[2] Greg McKeown (2023/06/08). To Build a Top Performing Team, Ask for 85% Effort. Harvard Business Review, https://hbr.org/2023/06/to-build-a-top-performing-team-ask-for-85-effort
[3] Majumdar, A. S., & Roberg, R. A.(2011). The Science of Speed: Determinants of Performance in the 100m Sprint. International Journal of Sports Science & Coaching, Vol.6(3), pp.479-493, https://journals.sagepub.com/doi/pdf/10.1260/1747-9541.6.3.479
[4] Rachel Feintzeig(2023/09/10). Try Hard, but Not That Hard. 85% Is the Magic Number for Productivity. The Wall Street Journal, https://www.wsj.com/lifestyle/workplace/try-hard-but-not-that-hard-85-is-the-magic-number-for-productivity-6b5aa875
[5] Wilson, R. C., Shenhav, A., Straccia, M., & Cohen, J. D.(2019/11/07). The Eighty Five Percent Rule for optimal learning. nature Communicaion, Vol.10, 4646. https://doi.org/10.1038/s41467-019-12552-4

森下彰大（もりした・しょうだい）

一般社団法人日本デジタルデトックス協会理事／講談社「クーリエ・ジャポン」編集者／Voicyパーソナリティ

1992年、岐阜県養老町生まれ。中京大学国際英語学科を卒業。在学中にアメリカの大学に1年間留学し、マーケティングと心理学を専攻。学生時代は音楽活動にものめり込む。その後、日本語教育や貿易業に携わる傍らでメディア向けの記事執筆を副業で始める。その後独立し、2019年にライティング・エージェント「ANCHOR」を立ち上げ、記事制作業を本格化。現在は「クーリエ・ジャポン」の編集者として、ウェルビーイングや企業文化の醸成を中心にリサーチ・取材・執筆活動を行う。日本デジタルデトックス協会では企業・教育機関向けの講義やデジタルデトックス（DD）体験イベントを提供する。

米留学中にDDが今後の「新しい休み方」になると直感し、実践と研究を開始する。しかし社会人になり自身がデジタル疲れに悩まされるように。体調の悪化から危機感を持ち、会社員生活を続けながら小規模なDDイベントを始める。その過程で、「今の私たちに足りていないのは、余白（一時休止）ではないか」と考えるようになり、戦略的に余白―暇を作り出すための方法を模索。多忙な現代社会の中で人生を変えるための「戦略的“暇”」を提唱している。

2020年より日本初となるDDを専門的に学び実践する「デジタルデトックス・アドバイザー®養成講座」を開講。のべ100名以上の修了生を輩出している（2025年時点）。

https://digitaldetox.jp/

戦略的暇

人生を変える「新しい休み方」

2025年4月30日　第1刷発行

著　者　　森下彰大

発行者　　矢島和郎
発行所　　株式会社 飛鳥新社
〒101-0003
東京都千代田区一ツ橋2-4-3　光文恒産ビル
電話（営業）03-3263-7770　（編集）03-3263-7773
https://www.asukashinsha.co.jp

デザイン　　三森健太（JUNGLE）
校　正　　有限会社あかえんぴつ
印刷・製本　　中央精版印刷株式会社

ISBN978-4-86801-075-3

編集担当　吉盛絵里加